세월을 아끼는 지혜

배굉호 지음

도서출판 영문

Wisdom of Redeeming the time

By
Dr. Paul G.H. Bae

2005
Young Moon Publishing Co.,
Seoul, Korea

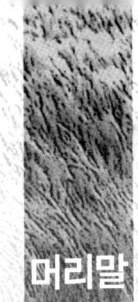

머리말

  이 세상에서 누가 가장 현명하고 성공적인 삶을 사는 사람일까? 그 사람은 세월을 아끼는 지혜를 가진 사람입니다. 과거에 파묻혀 사는 삶도 있고, 오직 현재만을 중심으로 사는 사람도 있습니다. 반면 과거와 현재를 무시하고 오직 미래만 바라보고 꿈에 젖어 사는 사람도 있습니다. 그러나 지혜로운 사람은 과거를 평가하고 현재를 잘 준비하며 미래를 향해 살아가는 사람이 아니겠습니까? 그리고 더욱 더 중요한 것은 세월을 아끼는 지혜를 가져야 하는 것임에 두말할 필요가 없습니다.

  한해를 마감하고 새해를 맞이할 때마다 우리는 반성과 새로운 각오를 다짐해 봅니다. 그렇지만 시간이 지나다 보면 우리의 마음이 흐트러지고 생활이 나태해져서 수확할 열매가 적음을 안타깝게 만듭니다. 그러나 우리는 포기하거나 주저앉을 수는 없습니다. 다시 시작해야 하고 또 다시 설계하고 도전해야 합니다. 그러기 위해선 세월을 아끼는 지혜가 반드시 있어야 합니다.

올해도 벌써 어김없이 한해를 마감하며 새로운 해를 맞이할 준비를 해야 할 때 다가왔습니다. 성탄절과 연말, 그리고 새해 숨가쁘게 빨리 다가오면서 지나가는 이 중요한 시즌에 세상적인 분위기에 젖어 쾌락을 추구하며 뜻 없이 시간을 낭비하는 인생들과는 달리 하나님의 백성인 우리는 세월을 아끼는 지혜로 성공적인 삶을 살아가야 할 것입니다.

매년 송년이 되고 새해를 맞이할 때마다 사랑하는 성도들에게 지혜의 보고인 성경말씀을 통해 다시 한번 더 용기를 주고, 새로운 각오와 자세를 가지도록 전한 말씀을 중심으로 만들어진 이 조그만 한 책자 「세월을 아끼는 지혜」가 조금이라도 도움이 되기를 바라는 마음이 간절합니다.

이 책자가 나오기까지 수고하신 조규일 목사님과 공혜숙 전도사님, 그리고 출판위원들에게 깊은 감사를 드리며, 발간되는 책들을 변함 없이 애독한 성도들에게 감사 드립니다.

그리고 이 책의 전 수입금은 교회확장을 위해 계속하여 드려지고 있음에 깊은 감사와 찬양을 드립니다.

2005년 성탄절을 맞이하면서
배굉호 드림

Contents

머리말 • 3

▶▶ PART 1. 지혜로운 인생

1. 세월을 아끼는 지혜 • 8
2. 결산을 합시다 • 27
3. 지혜로운 인생 • 42
4. 종말의 시작을 알아야 합니다 • 60
5. 어리석은 부자처럼 살지 맙시다 • 75

▶▶ PART 2.

믿는 자의 본이 됩시다 • 94
진보하며 성장합시다 • 113
뜻을 정합시다 • 121
소망을 가지고 출발합시다 • 134
내가 여기 있나이다 나를 보내소서 • 143
주의 집에 거하는 자가 복이 있나이다 • 162
새로운 부흥의 비전을 가집시다 • 181
기도를 가장 소중하게 여깁시다 • 198

PART 1

세월을 아끼는 지혜

에베소서 5:15-17

> ¹⁵그런즉 너희가 어떻게 행할지를 자세히 주의하여 지혜 없는 자 같이 하지말고 오직 지혜 있는 자 같이 하여 ¹⁶세월을 아끼라 때가 악하니라 ¹⁷그러므로 어리석은 자가 되지 말고 오직 주의 뜻이 무엇인가 이해하라

세상에는 다시는 돌아올 수 없는 것 세 가지가 있습니다. 첫째는 우리 입에서 나간 말입니다. 한번 내뱉은 말은 다시는 돌이킬 수 없습니다. 둘째는 화살입니다. 활시위를 떠난 화살은 다시는 돌아오지 않습니다. 셋째는 흘러간 세월입니다. 흘러간 세월은 흐르는 물 같아서 다시는 돌이킬 수 없습니다.

아우구스티누스(St. Augustinus)의 시간에 대한 이야기입니다. 그는 시간을 현재적으로 설명했습니다. "우리에게는 세 가지 현재만 있을 따름이다. 과거의 현재와 현재의 현재와 미래의 현재이다. 과거의 현재는 '기억'이라는 형태로 존재하며, 현재의 현재는 '통찰'하는 것이며, 미래의 현재는 '기대감'으로 존재한다"고 했습니다. 지나간 과거를 생각하며 사는 사람이 있는가 하면 지금의 것을 생각하며 살아가는 사람도 있습니다. 그리고 미래의 순간을 기대하며 살아가는 사람도 있습

니다. 여러분은 지난날의 어떤 것들을 기억하며 살고 계십니까?

그런데 흘러가는 시간을 붙잡을 수 있는 길이 있습니다. 그것은 지나간 시간들을 돌이켜 보는 반성입니다. 즉 무엇을 잃었으며 무엇을 얻었는가 묻는 것입니다. 그리하여 얻은 것에 감사하고 잃은 것에 대해 반성할 때 세월은 흘러가는 것만이 아니라 다시 새롭게 살아갈 수 있는 기회를 얻게 해줍니다.

우리는 흔히 시간은 돈이라는 말을 많이 듣습니다. 그러나 시간은 생명입니다. 한 시간 한 시간이 곧 생명입니다. 우리에게 주어진 생명이 곧 시간입니다. 그래서 시간이 제일 중요한 것입니다. 많은 사람들이 돈을 좋아하고 돈이 제일이라고 생각합니다. 어디든지 돈을 따라 갑니다. 그러나 시간이 지나다 보면 이 돈이 필요없을 때가 오게 됩니다. 죽을 때에는 다 두고 갑니다.

몽테뉴는 이런 말을 했습니다. "누가 당신에게 돈을 꾸어달라고 하면 당신은 주저할 것입니다. 그런데 어디로 놀러가자고 하면 당신은 쾌히 응할 것입니다. 사람은 돈보다 시간을 빌려주는 것을 쉽게 생각합니다. 만일 사람들이 돈을 아끼듯이 시간을 아낄 줄 안다면 그 사람은 다른 사람을 위해 보다 큰일을 하며 대성할 것입니다" 가장 큰 낭비는 바로 시간의 낭비입니다. 그러므로 시간을 잘 관리하는 지혜가 필요합니다.

오늘의 본문은 시간에 관한 교훈을 줍니다. 한마디로 세월을 아끼는 지혜에 대한 말씀입니다. 세월을 아껴 쓸 줄 아는 사람이 지혜로운 사람이요, 세월을 아끼는 지혜를 가진 사람이 바로 성공적인 삶을 살 수 있습니다. 우리는 이 시간 지난 한해를 어떻게 보냈는지 돌아보고 평가해 보아야 합니다. 그리고 새로운 한해를 설계하고 세월을 아끼는 지혜를 얻어야 합니다.

1. 시간을 지혜롭게 사용해야 합니다

"그런즉 너희가 어떻게 행할 것을 자세히 주의하여 지혜 없는 자같이 말고 오직 지혜 있는 자같이 하여"(엡 5:15)

"어떻게 행할 것을 자세히 주의하여"란 말씀은 '너희가 어떻게 행할지를 주의 깊게 살피라'로 해석됩니다(Look carefully how you walk, RSV, KJV, NIV, Foulkes, Hendriksen). '지혜 없는 자같이 말고 오직 지혜 있는 자같이 하여'에서 바울은 지혜 있는 자와 지혜 없는 자를 대조시키고 있습니다. '지혜 없는 자'는 '어리석은 자'를 의미합니다. 즉 하나님의 백성인 성도가 꼭 알고 행해야 할 지극히 중요한 일들에 대해서 진지하게 생각할 줄 모르는 자를 가리킵니다. 한편 '지혜 있는 자'의 삶은 조심스럽게 살펴서 하나님의 뜻을 잘 이해하고 따르는 삶입니다. 시간은 하나님이 맡기신 최고의 자원입니다. 그러므로 시간을 규모 있고 계획성 있게 사용할 줄 아는 지혜가 필요합니다. 많은 사람들이 시간을 대충 보내면서 살아갑니다. 조심스럽지 못하게 생각 없이 살아가고 있습니다. 이것이 어리석은 자들의 모습입니다. 세월이 얼마나 빠르며 지나간 세월은 돌아오지 않는다는 것을 잊고 살아갑니다. 사람은 나면서부터 시간 안에 살며 시간의 제약을 받으며 살아갑니다. 시간에는 세 가지 원리가 있는데 첫째는 일회성입니다. 아무도 일년 안에 생일이 두 번 있을 수 없듯이 시간은 일회적입니다. 월드컵 축구 때에 우리나라 선수들이 세계의 강호들을 다 제치고 4강에 오르는 기적 같은 일을 이루어 냈습니다. 계속 그런 일이 일어나면 좋겠지만 그것은 단 한번에 그칩니다. 불과 1년 후에는 약체로 알려진 베트남과 오만에게 패하고 말았습니다. 시험 성적이 한 번 좋았다고 계속 좋을 수는 없습니다. 시간은 일회성입니다. 둘째는 단일성입니다. 같은 시간 안에 같은 시간이 반복되거나 중복되지 않습니다. 다시 말하자면 잠을 자면서 그 시간에 식사를 할 수 없다는 말입니다. 교실에서 공부하면서 운동장에서 달릴 수는 없는 일입니다. 셋째는 순간성입니다. 이것은 시, 분, 초로 분리해서 사용합니다. 그러나 시간은 언제나 순간적입니다. 그러므로 시간의 원리는 이 세 가지가 현재에만 속하는 것입니다. 따라서 현재가 중요합니다. 지나간 시간은 영원히 돌아오지 않습니다. 지금 나이가 70세가 되었는데 10-20대로 다시 돌아갈 수는 없습니다. 그러므로 우리는 시간을 지혜롭게 사용할 수 있어야 합니다.

그러면 시간을 지혜롭게 사용할 수 있는 방법이 무엇입니까?

① 목표를 세우고 목표에 따라 살아야 합니다. 목표가 없는 사람은 시간을 낭비하게 되며, 쉽게 사소한 일에도 염려하고 두려워하게 됩니다. 우리는 평생의 목표를 세워야 합니다. 10년의 목표, 5년의 목표, 1년의 목표, 1개월의 목표, 1주일의 목표, 그리고 하루의 목표를 세워야 합니다. 물론 목표대로 다 이루어지는 것은 아닙니다. 그러나 아무런 목표도 없이 사는 사람은 세월을 헛되이 낭비하게 되지만, 그래도 목표를 세우는 사람은 애쓰고 노력하기 때문에 발전이 있고, 그에 대한 평가가 나오고 성장이 있습니다. 지혜로운 사람이라면 목표를 세워야 합니다. 우리도 목표를 세웁시다. 우리는 무엇을 위해 어떻게 시간을 사용해야 합니까? 우리 인생은 짧습니다.

② 목표를 향해 집중해야 합니다. 많은 시간을 사용한다고 해서 반드시 목표를 이루는 것이 아닙니다. 책상에 오래 앉아 있다고 공부를 잘하는 것도 아닙니다. 얼마나 집중력 있게 공부 했느냐가 중요합니다. 문제는 집중력입니다. 시간을 양적으로 사용하는 것이 아니라 질적으로 사용하는 것이 중요합니다. 목표를 세우면 그것을 이루기 위해 집중해야 합니다. 수학 공부를 하려고 목표를 세웠으면 거기에만 집중해야 합니다. 운동 선수는 자기의 목표를 이루기 위해 집중적으로 연습해야 합니다. 식사 시간에는 식사하는 일에만 집중하고, 청소할 때에는 온전히 청소하는 일에만 집중해야 합니다. 생각하고 말

하고 행동하는 것을 집중력 또는 통일성이라고 말 할 수 있습니다. 이 집중하는 태도와 노력을 통해 우리는 스스로 정화되기도 하고 안정되기도 하며, 문제의 본질을 통찰하는 힘을 얻기도 합니다. 청소도 정신을 집중해서 한 것과 다른 데 마음을 두고 건성으로 한 청소는 한 눈에 알 수 있습니다. 일, 공부, 교제, 사업, 더 말할 필요가 없습니다. 정신집중은 생각과 마음과 힘을 자기 안으로 모아들이는 것입니다. 그렇게 되면 먼저 눈빛부터 달라집니다. 몽롱한 눈이 아니라 샛별처럼 반짝반짝 빛이 나면서도 호수처럼 깊고 그윽한 아름다운 눈이 됩니다.

③ 시간을 균형 있게 사용해야 합니다. 우리에게 주어진 시간을 조화 있게 사용해야 합니다. 사람에게는 세 가지의 시간이 있는데 일하는 시간과 가정생활을 하는 시간, 그리고 하나님과 교제하는 시간입니다. 이 세 가지 시간이 조화와 균형을 이룰 때 건강한 삶이 되는 것입니다. 삶에 있어서 우선순위를 정하고 그에 따라 사는 지혜가 필요합니다. 시간의 낭비는 생명의 낭비임을 알고 하나님이 주신 시간을 규모 있고 지혜롭게 잘 사용해야 합니다. 세월을 아끼는 것은 시간을 지혜롭게 사용하는 것입니다. 우리 모두 시간을 지혜롭게 사용하는 지혜로운 성도가 됩시다.

2. 시간을 아껴야 합니다

"세월을 아끼라 때가 악하니라"(엡 5:16)

'세월'에 해당하는 헬라어 '카이론'(καιρον)은 '중요한 시기', 또는 '금방 지나가 버리는 특별한 기회'를 의미합니다. '아끼라'에 해당하는 헬라어 '엑사고라조메노이'(εξαγοραζωμαι)는 '도로 사다', '속량하다', '모든 기회를 잡으라'(making the most of every opportunity, RSV, NIV)는 의미입니다. 이것은 주어진 환경 속에서 기회를 찾아 그에 따르는 어떠한 희생과 대가를 치르더라도 그것을 놓치지 말라는 권면입니다(갈 6:9,10). '세월을 아끼라'는 '기회를 사라'는 뜻으로 볼 수 있습니다. 이 말씀은 상인들이 상거래나 교역을 하기 위해 부지런히 시기 적절한 때를 관찰하여 그 기회를 이용하는 데에서 나왔습니다. 세월을 아끼는 것은 그리스도인의 지혜 중에 대단히 중요한 것입니다. 하나님의 백성은 기회를 잘 선용해야 합니다. 우리의 시간은 선한 목적을 위하여 하나님께서 우리에게 주신 재능입니다. 따라서 하나님의 뜻에 따라서 사용되지 않을 때 그것은 하나의 낭비이며 상실이 됩니다.

왜 세월을 아껴야 합니까? 성경은 '때가 악하기 때문'이라고 합니다. 이 말은 이 시간 안에 살아가는 사람들이 악하다는 뜻입니다. 이 세상을 살아가는 사람들은 악합니다. 서로 속이기도 하고, 사기와 거짓말뿐 아니라 살인까지도 합니다. 성탄절에 훈훈한 사랑을 나눈 이야기도 있었지만, 술에 취하여 장모와 장인을 살해하는 사건도 있었습니다. 이 세상에는 끊임없이 전쟁과 테러가 계속되고 있습니다. 이것은 사람들이 악하기 때문입니다. 우리는 위험한 시대를 살아가고 있습니다. 그리스도인은 순간마다 위험에 처해 있다고 할 수 있습니다. 그러므로 이 악한 세상에서 해야 할 일은 세월을 아끼는 것입니다. 기회를 선용해야 합니다. 지난 한해 동안 우리는 많은 유혹과 위험한 고비를 넘겼습니다. 마귀는 하나님의 백성을 그대로 내버려두지 않습니다. 사단이 우리를 유혹하는 목적은 우리의 거룩을 공격해서 죄를 범하도록 하는 데 있습니다. 사단은 기생 들릴라를 이용해서 하나님의 나실인 거룩한 자 삼손을 유혹하여 넘어뜨렸습니다. 삼손이 블레셋 여인 들릴라를 알게 되면서부터 사랑에 빠져 비참하게 되어 버렸습니다. 오늘날의 많은 성도들도 사단의 유혹에 넘어지고 있습니다. 우리 모두는 악한 세상에서 유혹을 받으며 힘들게 살아가고 있습니다.

어느 목사님이 자신이 담임하는 교회의 교인들 중 남자 성도 몇 십 명에게 질문을 했습니다. "여러분은 자신이 거룩하다고 생각하십니까?" 그러자 자신이 거룩하다고 인정한 사람은 아무도 없었다고 합니다. 목사님은 놀라서 "왜 자신이 거룩하지 않다고 생각하십니까?" 하고 다시 물었습니다. 그들의 대답은 이렇습니다. "거룩하다는 말은 목사, 선교사, 순교자, 아니면 이름 앞에 '성'(Saint)이 붙은 성자에게나 해당하는 것이지, 우리처럼 날마다 회사에 출근해서 아침부터 저녁까지 정신 없이 일에 쫓기는 사람이 어떻게 거룩할 수 있습니까? 천국에 가면 거룩해질지 모르지만 이 세상에서는 아닙니다" 이 세상은 악하기 때문에 거룩하게 사는 것이 쉬운 일이 아닙니다. 잠깐이라도 정신을 집중하지 않으면 죄를 범하게 됩니다. 한순간이라도 정신을 차리지 않으면 악한 세상에서 마귀에게 넘어지기 쉽습니다.

우리가 반드시 알아야 할 것이 있습니다. 그것은 세월이 갈수록 세상은 더욱 더 악해 진다는 것입니다. 그러므로 우리는 세월을 아껴 시간 관리를 잘 해야 합니다. 좋은 기회를 놓치지 말아야 하는데 우리는 놓치는 경우가 많습니다. 공부할 수 있는 기회를 너무도 많이 놓칩니다. 하나님의 백성으로서 하나님을 섬기고 교회를 섬길 수 있는 기회, 선을 행할 수 있는 기회, 경건한 삶을 살 수 있는 기회도 수없이 놓칩니다. 기도할 수 있는 기회, 전도할 수 있는 기회, 성경공부 할 수 있는 기회 또한 얼마나 많이 놓치고 있습니까?

왜 세월을 아껴야 합니까? 때가 악하기 때문입니다. 우리는 기회를 얼마나 잘 선용하는지 하루의 시간, 일주일의 시간을 꼼꼼하게 분석해 보아야 합니다. 우리는 시간을 어떻게 사용하고 있습니까? 세월을 아껴야 합니다. 그러기 위해서 부지런하게 살아야 합니다. 성경은 말씀합니다. "부지런하여 게으르지 말고 열심을 품고 주를 섬기라"(롬 12:11) 우리는 기회가 주어졌을 때 열심히 살아야 합니다. 특별히 하나님의 백성으로서 부지런히 열심을 다해 주님을 섬겨야 합니다. 예배생활과 기도생활에도 힘써야 합니다. 게으르면 빈궁과 곤핍이 몰려옵니다. 신앙에 게으르면 말씀이 멀어지고, 기도생활에 나태해지고, 영적생활에 힘이 없어집니다.

우리 교회는 새해를 맞이하여 1월 한 달 간 특별 새벽기도로 시작합니다. 한 달 동안 열심히 주어진 기회를 선용해 봅시다. 새해를 시작하면서 하나님 앞에 우리의 소원과 목표를 아뢰며 주님을 섬기는 삶을 살아봅시다. 자신의 신앙의 열심도 테스트 하고, 하나님과의 교제에서 은혜도 받고, 기도의 응답도 받는 기회를 놓치면 안됩니다. 우리 자신의 게으름을 물리쳐 열심을 품고 주를 섬겨야 합니다. 봉사, 충성, 기도하는 일에도 부지런해야 합니다. 기회는 지나가면 다시 오지 않으므로 성실하게 살아야 합니다. 주님을 섬길 수 있는 기회를 놓치면 안됩니다.

두 사람이 길을 가고 있었습니다. 한 사람이 물었습니다. "아주 아름다운 모습을 하고 있군요. 이름이 무엇입니까?" "내 이름은 '기회' 입니다." "누가 그렇게 아름답게 만들었나요?" "리시푸스라는 고대 그리스 조각가가 만들었답니다." "그런데 왜 그렇게 빨리 갑니까?" "저는 빨리 지나쳐버리지요." "앞머리는 왜 그렇게 길지요?" "내가 '기회' 임을 사람들이 알아보지 못하게 하기 위해서죠." "그런데 뒷머리는 왜 그렇게 말끔히 벗겨졌나요?" "내가 한 번 지나가면 다시 붙잡을 수 없다는 것을 보여주기 위해서죠." '기회'는 누구에게나 있습니다. 지금 당신 옆으로 기회가 지나가고 있습니다. 주어진 기회를 놓치고 나면 후회만 남게 됩니다. 우리 성도가 절대로 놓치지 말아야 할 기회는 무엇입니까?

R.A. 토리 목사가 영국의 브라이튼에서 전도집회를 개최했을 때의 일입니다. 토리 목사가 저녁식사를 할 때 자신에게 음식을 주문 받으며 봉사하던 웨이터를 대할 때에 어쩐지 그에게 전도하고 싶은 생각이 들었습니다. 그러나 '바쁜데 나중에 하지' 하는 생각으로 그냥 식사를 마치고 나오다가 그래도 전해야겠다고 생각하여 발걸음을 돌려 다시 그 식당으로 갔습니다. 토리 목사가 웨이터를 찾자 식당 주인이 침통한 표정으로 말했습니다. "손님, 이미 늦었습니다. 그 웨이터는 손님에게 봉사를 한 후에 2층으로 올라가서 자살하고 말았습니다."

우리는 주님의 일에 열심이 있어야 합니다. 기회를 놓치면 안됩니다. 기회를 놓치기 전에 기도하고 담대히 전해야 합니다. 우리는 항상 말씀을 증거할 기회를 놓치지 말아야 합니다 (행 5:42, 눅 21:13). 성경은 말씀합니다. "너는 말씀을 전파하라 때를 얻든지 못 얻든지 항상 힘쓰라 범사에 오래 참음과 가르침으로 경책하며 경계하며 권하라"(딤후 4:2)

우리는 하나님께서 주신 시간과 기회를 잘 선용하고 주를 섬기는 세월을 아끼는 지혜로운 성도가 됩시다.

3. 주의 뜻을 이해해야 합니다

"그러므로 어리석은 자가 되지 말고 오직 주의 뜻이 무엇인가 이해하라"(엡 5:17)

이 말씀은 어리석은 자가 되지 말고 적극적으로 '주의 뜻을 이해하는 자가 되라'고 권면합니다. '주의 뜻을 이해하는 자'는 '지혜 있는 자'를 말합니다. '이해하라'의 헬라어 '쉬니에테'(συνιετε)는 '어떤 것에 마음을 기울여 파악한다', 혹은 '노력을 쏟다'는 의미입니다. 이것은 그리스도인들이 악한 이 세상을 살아가면서 주의 뜻을 잘 분별하고 주의 뜻대로 삶을 영위하여 빛의 열매를 맺어야 함을 시사합니다(엡 5:9,10, 롬 12:2). 하나님의 백성은 시간의 주인이 되시는 주님의 뜻을 이해할 줄 알아야 지혜로운 시간관리자가 될 수 있습니다. 우리는 어리석은 자가 되어 시간을 낭비하지 말고 하나님의 뜻이 무엇인지 이해해야 합니다. 그러기 위해서는 시간의 우선순위를 하나님께 두어야 합니다. 시간의 주인이 하나님이시기 때문입니다. 시간의 우선순위를 잘 관리하는 사람은 세월을 아끼는 지혜로운 사람입니다. 우선순위를 잘 관리하기 위해서는 분별력이 있어야 합니다. 가장 중요하고 가장 본질적인 것이 무엇인지 분별할 수 있어야 합니다. 잘 분별하기 위해서는 생각이 깊어야 하고, 생각이 깊어질 때 지혜가 나옵니다.

시간 관리는 인생 관리입니다. 인생 관리는 곧 자기 관리입니다. 시간을 어디에 사용하느냐에 따라 우리의 미래는 달라집니다. 세상을 정복하기 원한다면 시간을 정복해야 합니다. 시간을 정복하기 위해서는 자신을 정복하고 자신을 정복하기 위해서는 새벽을 정복해야 합니다. 날마다 새벽을 깨우십시오. 새벽에 일어나 기도하는 중에 하나님의 음성을 들으십시오. 말씀을 묵상하는 중에 우선순위를 정하고 날마다 우선순위에 따라 살도록 하십시오.

우리는 우리에게 주어진 세월을 주의 뜻에 맞도록 사용해야 합니다. 우리는 우리의 시간을 하나님을 위하여 어떻게 사용할 것인지 심각하게 생각해야 합니다. 주의 뜻을 분별해야 합니다. 주님이 원하시는 것이 무엇인지 생각해야 합니다. 우리의 우선순위가 하나님을 위한 것이어야 합니다. 우리 인생살이에 중대한 결단을 내릴 때가 있습니다. 다른 것을 버리고 가장 중요한 것을 선택할 때가 있습니다. 우리는 주의 뜻을 헤아릴 줄 알아야 합니다. 가장 우선순위로 선택할 것은 하나님의 뜻을 찾는 것입니다.

역사적으로 위대한 선택을 한 사람이 있었습니다. 요하난 벤 자카이는 유대 역사상 가장 유명한 랍비 중의 한 사람이었습니다. 그는 로마군이 유대를 포위하고 있었을 때 생존한 인물로 그에 대한 유대인들의 존경심은 대단했습니다. 당시 유대는 이미 패색이 짙어서 누구나 예루살렘의 종말이 가까웠음을 느끼고 있었습니다. 그들은 단지 하나님에 의한 기적만을 기대할 수 있을 뿐이었습니다. 요하난 벤 자카이는 날카로운 통찰력을 지닌 인물이었을 뿐만 아니라 앞을 내다보는 사람이었습니다. 그는 이대로 가다가는 유대가 완전하게 멸망하고 말 것이라 생각했습니다. 분명히 군사·정치상으로 유대는 몰락에 직면해 있었습니다. 그러나 그는 정신이 죽지 않는 한 유대인은 다시 일어설 수 있고, 그 정신을 지켜 줄 것은 교육이었음을 믿었습니다. 요하난 벤 자카이는 당시 비둘기파에 속해 있었는데 매파의 의혹에도 불구하고 자기의 뜻을 밀고 나갔습니다. 요하난 벤 자카이는 유대를 포위하고 있는 로마 장군을 만나 결판을 내릴 생각이었습니다. 그렇지만 어떻게 로마 장군과 상면할 수 있을 지가 문제였습니다. 그는 사람들에게 자기가 중병에 걸린 것처럼 소문을 내게 했습니다. 실제로 그는 병석에 누웠고, 얼마 뒤부터 유대인들 사이에는 존경하는 랍비 요하난 벤 자카이가 중병 끝에 마침내 죽게 되었다는 풍문이 떠돌았습니다. 그는 마침내 죽은 사람이 되어 관속에 들어가게 되었습니다. 그의 제자들은 그 관을 메고 묘지가 있는 성 밖으로 나가려고 했습니다. 그들이 성 밖으로 나가자 로마군들이 그 관을 조사하려 했지만, 제자들은 존경하는 스승의 관을 열 수 없다고 버티었습니다. 로마군은 그렇다면 그 관을 창으로 찔러 봐야 한다고 우겼으나 이 또한 제자들의 열성에 의해 취소되었습니다. 마침내 관은 로마군 지역을 벗어나게 되었고, 요하난 벤 자카이는 관 밖으로 나왔습니다. 그리고 그는 곧바로 로마 사령관 베스파시아누스를 찾아갔습니다. 로마 사령관은 그의 명성을 이미 들었으므로 그를 맞아들였습니다. 벤 자카이는 그를 만나자 마자 '로마 황제 폐하'로 지칭하며 인사했습니다. 베스파시아누스는 그때까지 사령관이었지 황제가 아니었습니다. 그렇지만 그들이 서로 이야기를 나누는 동안에 로마에서 전령이 달려와 로마 황제가 죽고 베스파시아누스 사령관이 신임 황제로 선출되었음을 전했습니다. 새 황제는 벤 자카이의 선견지명에 놀랐습니다. 벤 자카이는 새로운 황제에게 청했습니다. "로마군이 예루살렘을 점령하면 틀림없이 도시 전체를 파괴하게 될 것입니다. 그것은 점령군의 상투적인 행위입니다. 그리고 그런 파괴가 신임 황제로서의 장군의 지위를 탄탄하게 해줄 것입니다. 저는 단 한가지, 아프네 거리만은 보존해 주시길 부탁드립니다." 새로운 황제는 그의 청을 받아 들였습니다. 로마군이 예루살렘 성으로 쇄도하여 예루살렘 성은 쑥밭이 되었습니다. 그러나 아프네 거리만은 예전 그대로 남아 화를 모면할 수 있었습니다. 로마 사령관이 약속을 지켰던 것입니다. 밖에서는 살벌한 창칼의 파찰음이 들리고 동족이 피눈물을 흘리는 순간에도 요하난 벤 자카이는 아프네에서 제자들에게 '토라'를 가르쳤습니다. 그는 '토라'가 지닌 이스라엘 정신만은 지켜져야 한다고 믿었던 것입니다. 그리고 그의 믿음이 옳았음을 유대 역사가 증명했습니다. 그는 교육과 정신의 승리가 군사나 정치상의 승리보다 영원하다는 것을 증명한 위대한 랍비였습니다. 요하난 벤 자카이는 우선순위가 무엇인 줄을 아는 사람이었습니다.

세상에는 목표를 가지고 사는 사람이 적습니다. 소원을 가진 사람은 많으나 그 소원을 이루기 위해 구체적으로 목표를 세우고 사는 사람은 많지 않습니다. 우선순위에 따라 시간을 관리하기 위해서는 생각하는 훈련을 해야 합니다. 우선순위를 잘 관리하는 지혜란 가장 중요한 것에 가장 소중한 시간을 투자하는 것입니다. 날마다 자신이 누구인가를 점검하고 자신의 재능과 은사를 점검하십시오. 그리고 날마다 자신의 목표를 점검하고 그 목표를 달성하기 위해 우선순위를 정하고, 그 우선순위에 따라 살도록 하십시오. 우리는 주님을 위해 시간을 드리는 선택을 할 줄 알아야 합니다. 주님 앞에 나와 예배드리며 경배하는 것이 얼마나 중요한 일인지 우리는 알아야 합니다. 열심히 모이고 열심히 기도해야 합니다. 주님 앞에 시간을 바칠 수 있어야 합니다. 성경은 말씀합니다. "모이기를 폐하는 어떤 사람들의 습관과 같이 하지 말고 오직 권하여 그 날이 가까움을 볼수록 더욱 그리하자"(히 10:25) 하나님 앞에 우리의 시간을 바치는 것을 아까워하지 말고, 주님께 바치는 시간이야말로 가장 우선순위이며 가장 지혜로운 선택임을 알아야 합니다. 이 시간을 가장 소중히 여겨야 합니다. 우리는 직장, 사업이나 공부, 집안 일, 또는 자신의 일 때문에 주님께 드려야 할 시간을 내지 않을 때가 많습니다. 그러나 하나님께 드리는 시간이야말로 가장 가치 있고 가장 축복된 시간임을 알아야 합니다.

하워드(O.O. Howard) 장군은 독실한 기독교인이었습니다. 그가 서부 해안 지대로 파견 나갔을 때, 그의 친구들은 그의 영예를 축하하는 환영 만찬회를 수요일 저녁에 갖기로 했습니다. 그들은 곳곳에 초대장을 보냈으며 미국의 대통령으로부터 축하전문도 왔습니다. 그들은 장군을 깜짝 놀라게 하려고 모든 준비를 마친 후에 맨 마지막으로 그에게 알리기로 했습니다. 마침내 완전한 준비를 끝낸 후 장군에게 이 소식을 알렸습니다. "미안하게 되었네. 사실은 수요일 밤에 다른 약속을 이미 해두었네." "그러나 이 사람아, 이 날은 미국에서 가장 저명한 인사들이 참석할텐데 이전에 했던 약속을 취소하게" 장군은 조용하게 그 이유를 설명했습니다. "나는 기독교인이며 교회 신도 중 한 사람이네. 내가 교회에 나가게 되었을 때 수요일 밤 기도회 시간에 꼭 주님을 만나 뵙겠다고 주님과 약속했다네. 세상에는 이만큼 중요한 약속을 깨뜨릴 자가 없다네." 친구들은 이 만찬회를 하루 연장하여 목요일 밤에 개최했습니다. 얼마나 아름다운 신앙입니까? 우리는 어떻습니까? 우리는 바쁘다는 핑계로, 또는 자신의 이익 때문에 주님 앞에 바칠 시간에 너무 인색하지는 않습니까?

시간은 너무 빨리 지나갑니다. 한번 지나간 기회는 다시 오지 않습니다. 우리는 기회를 선용하는 지혜로운 성도가 되어야 합니다. 시간을 잘 관리할 줄 아는 사람은 지혜로운 사람입니다. 무엇보다도 주의 뜻을 분별하여 주님께 바치는 것이 중요합니다.

우리의 인생을 24시간으로 볼 때 지금 여러분은 몇 시쯤에 도달해 있습니까? 우리의 지난 날들을 어떻게 보냈습니까? 과연 무엇을 위해 일해오셨습니까? 그래서 만족함을 얻으셨습니까? 성경은 이렇게 말씀합니다. "우리의 연수가 칠십이요 강건하면 팔십이라도 그 연수의 자랑은 수고와 슬픔뿐이요 신속히 가니 우리가 날아가나이다"(시 90:10) 앞으로 남은 세월도 순식간에 날아갈 것입니다. 그렇다면 우리에게 다가오는 삶의 시간 속에서 정말 가치 있고 중요한 것이 무엇이겠습니까? 그것은 바로 주의 뜻을 분별하여 지혜롭게 살아가는 것입니다.

「시간을 내십시오」

일하기 위해 시간을 내십시오. 그것은 성공의 대가입니다.
생각하기 위해 시간을 내십시오. 그것은 능력의 근원입니다.
운동하기 위해 시간을 내십시오. 그것은 끊임없이 젊음을 유지하는 비결입니다.

독서하기 위해 시간을 내십시오. 그것은 지혜의 원천입니다.

친절하기 위해 시간을 내십시오. 그것은 행복으로 가는 길입니다.

꿈을 꾸기 위해 시간을 내십시오. 그것은 대망을 품는 것입니다.

사랑하고 사랑 받는 데 시간을 내십시오. 그것은 구원받은 자의 특권입니다.

주위를 살펴보는 데 시간을 내십시오. 그것은 이기적으로 살기에는 너무 짧은 하루입니다.

웃기 위해 시간을 내십시오. 그것은 영혼의 음악입니다.

기도하기 위해 시간을 내십시오. 그것은 인생의 영원한 투자입니다.

우리 모두 세월을 아끼는 지혜로운 성도가 됩시다. 아멘.

결산을 합시다

고린도전서 4:1-5

> ¹사람이 마땅히 우리를 그리스도의 일꾼이요 하나님의 비밀을 맡은 자로 여길지어다 ²그리고 맡은 자들에게 구할 것은 충성이니라 ³너희에게나 다른 사람에게나 판단 받는 것이 내게는 매우 작은 일이라 나도 나를 판단하지 아니하노니 ⁴내가 자책할 아무 것도 깨닫지 못하나 이로 말미암아 의롭다 함을 얻지 못하노라 다만 나를 심판하실 이는 주시니라 ⁵그러므로 때가 이르기 전 곧 주께서 오시기까지 아무 것도 판단하지 말라 그가 어둠에 감추인 것들을 드러내고 마음의 뜻을 나타내시리니 그 때에 각 사람에게 하나님으로부터 칭찬이 있으리라

   이제 한 해를 결산하는 주일입니다. 한해를 결산하는 것은 아주 중요합니다. 우리는 지나온 시절을 종종 돌이켜 볼 필요가 있습니다. 결산을 통해서 우리는 미래를 더 알차게 준비할 수 있고, 우리의 인생을 더욱 더 성장시키고 삶의 내용을 더욱 풍성하게 할 수 있습니다. 또한 이것은 우리 인생의 최후의 결산을 준비하는 작업이라는 의미도 있습니다.
   한해를 마무리하는 이 시점에서, 본문을 통해 우리의 인생을 결산해 보는 시간이 되시기를 바랍니다.

1. 누가 결산을 합니까

1) 자기의 관점에서 본 결산은 바람직하지 못합니다

> "너희에게나 다른 사람에게나 판단 받는 것이 내게는 매우 작은 일이라 나도 나를 판단치 아니하노니"(고전 4:3)

사도 바울은 '나도 나를 판단치 아니한다'고 했습니다. 이것은 자기의 인생에 대한 판단을 유보하겠다는 것이 아니라, 나의 관점에서만 본 나에 대한 판단을 하지 않겠다는 말입니다. 왜냐하면 사람이 자기의 판단 기준만으로 스스로를 판단할 때 그것이 공정하지 않을 수 있기 때문입니다. 자기 자신에 대한 평가는 자신을 과소평가 하거나 과대평가를 하기 마련입니다. 그래서 자학으로 나타나기도 합니다. 이 경우는 지나칠 정도로 자신을 과도하게 비판합니다. 사람이 지나친 자기 비판을 하게 되고 자학에 빠지게 되면 인생을 살아가는 에너지를 상실하게 됩니다. 다시 재기할 수 없을 정도로 자존감이 상처를 입고 무너져 버립니다. 이런 사람들은 인생을 향한 다른 도전이 시작되는 것이 불가능합니다. 또 다른 자기 판단이 있다면 그것은 교만입니다. '교만'은 지나치게 과도한 자기 사랑의 결과라 할 수 있습니다. 흔히 이런 판단에 빠지는 사람들은 자신의 실제 모습이 아닌 거짓된 자기의 이미지를 설정해 놓고 그것이 자기라고 착각을 하는 것입니다.

이솝우화에 나오는 이야기입니다. 해질 무렵에 길을 거닐던 이리가 자기의 긴 그림자를 보고 탄복하며 말했습니다. "아니, 내가 이처럼 몸집이 크다니! 그런데도 난 사자를 두려워했잖아. 이것 보라구. 내 몸의 길이가 3m도 넘겠어." 그러면서 이리는 "내가 왕이 될테야. 그래서 모든 동물들을 다스릴테야. 물론 사자도 내 밑으로 오게 해야지" 하고 으스대며 만나는 동물들에게 횡포를 부렸습니다. 얼마 후 사자를 만난 이리는 거만하게 굴다가 단번에 물려 죽었습니다. 성경은 말씀합니다. "교만은 패망의 선봉이요 거만한 마음은 넘어짐의 앞잡이니라"(잠 16:18) 자기가 굉장히 이상적인 인간인 것처럼 판단하고 착각 속에서 살아가는 사람들에게 주는 교훈입니다.

바울 사도가 '나도 나를 판단치 아니하노니'라고 고백할 수 있는 것은 자기판단의 오류를 충분히 인식하고 있었기 때문입니다. 이어서 바울은 고백합니다. "내가 자책할 아무 것도 깨닫지 못하나 그러나 이를 인하여 의롭다함을 얻지 못하노라"(고전 4:4) 이 말은 '삶 가운데 구체적으로 자책할 어떤 것을 내가 깨닫지 못하고 있다. 그러나 동시에 내가 의롭다고 판단할 수 있는 근거는 없다'는 말입니다. 내가 아무리 스스로 의롭다고 주장해도 그것으로 내가 의롭다는 마지막 판단을 받을 수는 없습니다. 인간은 주관적으로 잘못된 판단을 할 수 있다는 말입니다. 내 인생의 판단에 있어서 자기의 관점에서만 스스로 나를 판단하는 것은 매우 위험할 수 있습니다. 그러므로 바울은 자기의 관점에서 본 내 인생의 결산은 바람직하지 못하다고 말합니다.

2) 타인의 관점에서 본 결산도 바람직하지 못합니다

사도 바울은 타인의 관점에서 본 내 인생의 결산도 바람직하지 못하다고 말합니다. 물론 우리는 이웃의 충고에 귀를 열어야 할 필요가 있습니다. 그런데 이웃의 충고를 도무지 듣지 못하는 사람도 있습니다. 이런 사람은 성장할 수 없습니다. 이웃의 비판에 귀를 기울여 들을 줄 아는 귀가 복된 귀요 복된 인생입니다. 충고는 필요합니다. 우리는 겸허하게 충고에 귀를 기울여 들을 필요가 있습니다. 그럼에도 불구하고 그것은 참고 사항일 뿐 내 인생에 대한 마지막 판단으로 받아들여서는 안 됩니다. 왜냐하면 내가 나를 판단하는 것이 잘못될 수 있듯 종종 이웃들의 나를 향한 판단도 잘못되거나 편견이 있을 수가 있기 때문입니다. 나를 향한 이웃의 판단은 결코 마지막 판단의 증거가 될 수 없습니다. 그렇기 때문에 우리가 이웃을 판단할 때도 아주 조심해야 합니다. 조심하고 또 조심해야 합니다.

그래서 성경은 판단의 악을 경계합니다. '판단하지 말라, 비판하지 말라, 너희가 이웃을 비판하는 비판으로 도리어 비판을 받을 것을 각오하라' 고 성경은 가르칩니다. 왜냐하면 판단에는 항상 편견이 있기 때문입니다. 이것이 우리가 다른 사람을 판단하는 것도 심히 조심해야 할 이유입니다. 그러므로 우리가 너무나 쉽게 한 사람에 대한 판단을 속단해서는 안됩니다. 다른 사람이 비록 나를 나쁘게 평가하더라도 그것 때문에 내 인생이 끝난 것처럼 좌절할 필요가 없습니다.

또한 다른 사람이 나를 조금 칭찬했다고 해서 너무 들떠서 정상에 도달한 것처럼 흥분할 필요도 없습니다. 우리는 다른 사람의 판단에 귀를 기울여 듣되, 그 판단을 지나치게 의존할 필요는 없습니다. 그것을 중요한 마지막 판단으로 수용할 필요는 없다는 말입니다. 바울은 이 사실을 정확하게 이해하고 있었습니다. "너희에게나 다른 사람에게나 판단 받는 것이 내게는 매우 작은 일이라 나도 나를 판단치 아니하노니"(고전 4:3) 바울은 너희에게나 다른 사람에게 판단 받는 것이 작은 일이므로 귀담아 들어야 하고, 참고할 필요가 있다고 말합니다. 이웃의 판단을 참고해서 고칠 것은 고치면 내게 유익이 됩니다. 그러나 그것은 내 인생에 대한 마지막 선언이며 판단일 수는 없습니다. 이웃들이 내 인생에 대한 결정을 할 수는 없는 일입니다. 소중하게 참고만 하면 됩니다. 내 인생에 마지막 선언처럼 이웃의 판단을 수용할 필요는 없습니다. 그러면 우리는 어떤 관점에서 내 인생이 판단되어야 마땅합니까?

오늘 본문이 강조하는 가장 중요한 핵심은 어디 있습니까?

3) 주님의 관점으로 결산해야 합니다

"내가 자책할 아무것도 깨닫지 못하나 그러나 이를 인하여 의롭다 함

을 얻지 못하노라 다만 나를 판단하실 이는 주시니라"(고전 4:4)

그리스도의 시각과 관점에서 내 인생을 보아야 합니다. 주님의 판단으로 나를 판단해 보아야 합니다. 이것이야말로 내 인생을 판단하는 가장 중요한 근거가 될 수 있습니다. 주님의 관점에서의 결산, 바로 이 결산을 주께서는 저와 여러분에게 요구하십니다. 본문 4장 4절입니다. "내가 자책할 아무것도 깨닫지 못하나 그러나 이를 인하여 의롭다 함을 얻지 못하노라 다만 나를 판단하실 이는 주시니라" 누가 나를 판단해야 마땅합니까? 주님이십니다. 내 삶의 구주와 주님으로 영접하신 바로 그분, 나를 창조하신 그분, 나를 섭리하시는 그분, 마지막 날에 나를 심판하실 그분, 그분이야말로 가장 완벽하고 가장 정확하게, 그리고 가장 공정하게 나를 판단하실 주님임을 믿어야 합니다. 그분만이 판단의 마지막 시기를 정확하게 결정하십니다. 그때에 그분의 방법으로, 그분이 친히 여러분과 저를 판단하실 것입니다. 그때가 언제입니까? 성경은 말씀합니다. "그러므로 때가 이르기 전 곧 주께서 오시기까지 아무 것도 판단치 말라 그가 어둠에 감추인 것들을 드러내고 마음의 뜻을 나타내시리니 그때에 각 사람에게 하나님께로부터 칭찬이 있으리라"(고전 4:4-5)

마지막 판단의 때가 오기 전에 너무 서둘러 스스로를 판단하거나, 이웃의 판단을 최종 판단인 것처럼 받아들일 필요는 없습니다. 주님이 오시는 그 때에 주께서 친히 판단하실 것입니다. 주께서 어둠에 감추인 것들을 드러내시고, 그리고 내 마음 속의 깊은 뜻을 드러내실 것입니다. 주님은 겉으로 드러난 행동만 보시는 것이 아니라, 행동을 결정하고 실행했던 내 마음 속 깊은 곳에 숨어 있었던 마음의 생각과 동기까지 다 살피시는 분이십니다. 그러므로 주님만이 나에 대한 최종 판단자가 되실 것입니다. 그리고 중요한 것은, 주께서 완벽하게 판단하시는 그 날에 각 사람에게 하나님께로부터 칭찬이 있으리라고 성경은 증거합니다. "그때에 각 사람에게 하나님께로부터 칭찬이 있으리라"(고전 4:5)

우리 주님이 그의 자녀들을 판단하실 때 그 의도는 처벌에 있지 않습니다. 칭찬에 있습니다. 그분의 마지막 판단의 의도는 칭찬입니다. 성경은 말씀합니다. "너의 믿음의 시련이 불로 연단 하여도 없어질 금보다 더 귀하여 예수 그리스도의 나타나실 때에"(벧전 1:7) 다시 말하면, 주님이 재림하실 때에 세 가지 약속을 하셨는데 바로 '칭찬과 영광과 존귀' 입니다. 주님은 다시 오시는 그 날에 주의 백성들에게 칭찬과 영광과 존귀를 주십니다. 주님은 우리를 칭찬하고 우리를 영광스럽게 하고 우리를 존귀케 하고 싶어하시는 주님이십니다. 주님은 우리의 삶 속에 칭찬할 거리를 찾고 계십니다. 그리스도 예수 안에 있는 우리 성도는 이미 모든 죄를 사함 받았습니다. 십자가에 달리신 그 예수님을 만나는 순간 이미 그 심판은 지나갔습니다. 그리스도 예수 안에 있는 자에게는 결코 정죄함이 없다고 성경은 말씀합니다. 얼마나 감사합니까? 주님은 우리의 칭찬거리를 찾으십니다. 마지막 날에 주님 앞에서 결산할 때에 우리는 칭찬만 받는 삶을 살아야 하지 않겠습니까?

2. 그러면 마지막 결산을 위해 우리는 어떤 삶을 살아야 합니까

1) 그리스도의 일꾼으로 살아야 합니다

> "사람이 마땅히 우리를 그리스도의 일꾼이요 하나님의 비밀을 맡은 자로 여길지어다"(고전 4:1)

그리스도의 일꾼에게만 맡겨주신 것이 있습니다. 이것은 불신자들이 알지도 못하고 소유하지도 못합니다. 그것은 하나님의 사람들에게만, 주의 백성들에게만, 그리스도의 일꾼들에게만 맡겨주신 중요한 것입니다. 성경은 그것을 하나님의 비밀이라고 말씀합니다. 하나님의 비밀을 우리에게 맡겨 주셨습니다. 그러면 '하나님의 비밀'이 무엇입니까? 바울 서신에 보면, 바울이 자주 이 비밀이라는 단어를 사용합니다. 넓은 의미에서 하나님의 비밀은 '하나님의 말씀'이라 할 수 있습니다. 우리를 변화시켜주시고 우리에게 소망을 주었던 하나님의 말씀을 우리에게 선물로 주셨습니다. 하나님의 말씀 중에서도 '십자가의 복음을 비밀'이라고 말합니다. 성경은 말씀합니다. "하나님이 우리의 영광을 위하사 만세 전에 미리 정하신 것이라 이 지혜는 이 세대의 관원이 하나도 알지 못하였나니 만일 알았더면 영광의 주를 십자가에 못 박지 아니 하였으리라"(고전 2:7-8) 하나님의 비밀은 복음(the good news)입니다. 예수님께서 십자가에 못 박혀 죽으신 것은 여러분과 저의 죄와 허물을 담당하시기 위해서입니다. 십자가 앞에 나와서 나를 대신해서 죽으시고 부활하신 예수 그리스도를 믿는 자마다 죄 사함을 받습니다. 그 뿐만 아니라, 부활하신 주님을 영접하는 사람마다 새로운 생명을 얻습니다. 예수님을 믿고 죄 사함을 받아 그리스도 예수 안에서 새로운 생명으로 살아 갈 수 있다는 이 복음이 사람의 운명을 변화시키고 삶을 변화시킵니다. 우리에게 예수 그리스도의 복음을 맡겨 주셨습니다. 우리는 하나님의 비밀을 맡은 자들입니다. 우리는 하나님 앞에 설 때에 우리가 받은 하나님의 비밀, 즉 복음을 맡은 자로서 어떻게 살았느냐를 평가받게 될 것입니다. 복음대로 살면서 복음을 전파했는가를 보실 것입니다. 우리는 어떻습니까? 우리가 결산 받을 때 결코 놓치지 않을 중요한 평가의 제목이 바로 이것입니다. 먼저 우리 스스로에게 물어보면서 평가해 봅시다. "나는 복음을 맡은 자로서 어떻게 살아왔는가? 복음을 증거 했는가? 이 복음

에 합당한 삶을 살았는가?'

달덩이 전도자라는 말을 들어보셨습니까? 서울대 음대를 졸업한 김정택 장로는 대중음악 연주자 겸 작곡가, 지휘자로 70-80년대 밤무대와 방송계에서 맹활약을 해오던 대중문화 음악인이었습니다. '히트곡 제조기' 라는 별명까지 얻으며 성공가도를 달렸으나, 화려함 속에서도 내면의 깊은 외로움과 공허함은 어찌할 수 없었습니다. 한 여전도사로부터 '더 이상 죄짓지 말라' 는 권면을 듣자 자신의 죄를 깨닫고 회심의 축복을 얻게 되었습니다. 그 후 그는 수입이 많은 밤무대 출연을 중지했습니다. 그리고 기독교인으로서의 참다운 삶을 모색하던 중 SBS 방송국 악단장으로 발탁되어 방송국에서 일하게 되었고, 그때부터 때와 장소를 가리지 않고 연예인들에게 복음을 전하고 있습니다. 자신이 몸을 담고 있는 방송국과 연예계의 복음화를 위해 중보기도를 펼치고 있습니다. 그의 이런 정성과 사랑으로 인해 연예인 이영자 씨를 비롯한 핑클, 차태현, 국악인 김영임 씨 등 수많은 사람들이 결신하게 되었다고 합니다. 또 이 분은 택시를 타거나 방송국 분장실, 식당뿐 아니라 언제 어디에서라도 복음을 전합니다. 심지어 자주 가던 식당 주인이 병들었을 때에는 문병까지 가서 기도해주고 마음 문을 열게 했다고 합니다. 그는 복음의 비밀을 가진 자로 그 복음을 열심히 전파하고 있습니다. 그는 복음을 부끄러워하지 아니할 뿐만 아니라, 오히려 예수 그리스도의 복음을 자랑으로 삼고 있습니다.

우리도 복음 전하는 일을 부끄럽게 여기지 말아야 합니다. 복음은 언제 어디서나 나타나야 합니다. 장차 우리가 하나님 앞에서 결산을 받게 될 것입니다. 그 때에 하나님의 비밀인 복음을 맡은 자로서 복음에 합당하게 살고, 열심히 복음을 전파하고, 예수 복음을 자랑한 사람으로 칭찬 받기를 바랍니다.

2) 충성해야 합니다

"그리고 맡은 자들에게 구할 것은 충성이니라"(고전 4:2)

주께서 우리의 삶을 칭찬하실 때 가장 중요하게 보시는 것이 무엇이겠습니까? 한마디로 그것은 충성입니다. 다른 말로 성실성입니다. 충성(πτίστις, faithfulness)이라는 단어는 성실성이라는 낱말로 바꾸어 사용하기도 합니다.

주께서 우리에게서 요구하고 제일 보고싶어 하시는 것이 바로 충성이요 성실함입니다. 이 충성은 공개적으로 인정받을 수 있는 성실함입니다. 자타가 공인하는 성실한 사람, 즉 모두에게 인정을 받을 수 있는 성실성을 말합니다. 주님께서는 우리에게서 성실함을 보고싶어 하시며 요구하십니다. 우리는 성실하게 살아야 합니다.

미국의 억만 장자 록펠러는 아들에게 물질을 남겨주지 않고 물질을 사용하는 법을 철저히 훈련시켰습니다. 아들이 어렸을 때부터 일을 시키고 그 삯으로 일주일에 25센트씩 용돈으로 주기로 약속했습니다. 토요일마다 금전출납부를 검토해서 지출 명목이 나쁘면 5센트씩 공제하고, 지출 명목이 좋으면 5센트를 보너스로 더 얹어 주었습니다. 그리고 수입 중에서 10%는 하나님을 위해 쓰고, 10%는 이웃을 위해 쓰게 하고, 10%는 예금을 하게 했습니다. 그래서 나머지 70%로 잘 쓰도록 훈련시켰습니다. 그는 자신의 자녀들에게 청지기 의식과 성실을 심어주었습니다.

자기의 맡은 일에 충성하고 성실하게 순종하는 자는 반드시 축복된 자녀가 될 것입니다. 주 예수께서 맡겨주신 사명에 충성을 다할 때 하나님은 반드시 축복하십니다. 성실하게 사는 사람은 칭찬을 받을 것입니다. 우리 주님은 한해를 결산하는 이 시점에 우리의 삶 속에서 이런 성실함을 찾고 계십니다. 우리는 주님 앞에 부끄럼 없이 나 자신의 성실함과 충성을 내 놓을 수 있습니까?

올해도 주께서는 우리 모두에게 많은 것을 맡겨 주셨습니다. 시간을 맡겨 주셨습니다. 똑같은 시간 1년, 11개월을 지나고 우리는 열 두 번째 달을 맞이합니다. 그러나 주께서 맡겨주신 시간을 어떻게 성실하게 관리하며 한해를 살아 오셨습니까? 하나님은 우리에게 달란트를 주셨습니다. 그 달란트를 어떻게 사용했습니까? 이것이 마지막 결산 때 판단의 증거가 될 것입니다. 또 우리에게 물질도 주셨습니다. 액수가 많고 적고 간에 우리 모두에게 재물을 맡겨주셨습니다. 우리에게 주신 재물을 얼마나 성실하게 관리했습니까? 한해를 결산할 시간입니다. 하나님 앞에서 우리는 충성을 다했는지 스스로에게 먼저 물어 보아야 합니다.

미국 스탠더드 석유회사의 직원 아치볼드는 호텔에서 숙박계를 쓸 때에 본인의 이름을 쓰지 않고 '한 통 4달러 스탠더드 석유'(자기 회사의 석유 가격과 이름)라고 기록했습니다. 그는 말할 기회가 있을 때마다 '한 통 4달러 스탠더드 석유'라고 먼저 앞세우곤 해서 별명이 '한 통 4달러'가 되었습니다. 석유왕인 사장 록펠러가 이 말을 듣고 평사원인 그를 불러 식사를 하며 대화한 결과, 회사에 대한 열심과 충성심이 대단한 것을 발견했습니다. 후에 록펠러의 뒤를 이어 사장이 된 사람이 다름 아닌 아치볼드입니다. 그는 가장 유능한 사장으로 회사에 크게 공헌을 했습니다.

모든 그리스도인은 하나님의 비밀을 맡은 자들입니다. 청지기로서 주인의 집과 재산 관리, 일꾼 감독, 물건 지급 및 분배 등 집안 전체를 보살피는 일꾼입니다. 그리스도인은 하나님의 비밀을 맡아서 관리하는 복음의 일꾼으로 복음을 전하고 사람들을 깨우쳐 주는 직책을 맡았습니다. 하나님이 부르셔서 이 비밀을 맡겨 주셨으니 이 사명을 잘 감당할 책임과 의무가 있습니다. 그리고 긍지와 자부심을 가지고 충성스럽게 일해야 합니다. 예수님은 달란트 비유에서 두 달란트와 다섯 달란트 받은 종들이 열심히 일하여 이익을 남겨서 주인에게 드림으로 착하고 충성된 종이라고 칭찬 받은 것을 말씀하셨습니다. 그러나 한 달란트 받은 자는 두려움과 게으름으로 간직하고 있다가 주인에게 받은 그대로 드림으로 악하고 게으른 종이라고 책망받았다고 하셨습니다.

하나님의 일꾼은 오직 맡은 일에 충성해야 하며 다른 사람의 일에 지나친 관심을 두지 말아야 합니다. 또한 다른 사람들의 평가나 판단에 너무 민감해서도 안됩니다. 오직 주님의 판단과 평가를 바라면서 충성해야 합니다. 주님은 말씀하십니다. "네가 죽도록 충성하라 그리하면 내가 생명의 면류관을 네게 주리라"(계 2:10) 우리는 맡은 직분에 감사하며 충성하고 있습니까? 아니면 게으르고 나태한 상태에 있습니까? 이제 새롭게 주님 앞에 서야할 시간입니다. 우리는 얼마나 성실하게 이 한 해를 살아 왔습니까? 주님은 말씀하십니다. "그러므로 때가 이르기 전 곧 주께서 오시기까지 아무 것도 판단치 말라 그가 어두움에 감추인 것들을 드러내고 마음의 뜻을 나타내시리니 그 때에 각 사람에게 하나님께로부터 칭찬이 있으리라"(고전 4:5)

유명한 거장 화가인 미켈란젤로가 세계적인 명화로 알려진 걸작 씨스틴 채플의 그 천장 벽화 '프레스코'를 거의 완성할 때의 일이었습니다. 작품은 이제 끝난 것으로 보여졌습니다. 그러나 그는 아직도 천장을 향해서 마지막 완성을 위한 손질을 계속하고 있었습니다. 그를 도왔던 조수들 가운데 한 사람이 이렇게 말했다고 합니다. "선생님, 이젠 끝나지 않았습니까?" "자네 눈에는 끝난 것으로 보이는가? 내 눈에는 아직 끝나지 않았네" 그 후에도 몇 달 동안 그는 계속해서 이 작품에 매달렸습니다. 마침내 작업은 완전히 마쳐진 것으로 판단되었습니다. 그러나 그는 아직도 작업 도구를 정리하지 않고 계속 천장을 응시하면서 그 주위를 맴돌았습니다. 다시 한 사람이 이렇게 물었다고 합니다. "선생님, 이제는 정말 다 끝나지 않았습니까?" 그때 미켈란젤로는 이런 유명한 대답을 남겼습니다. "내 눈에는 끝났는데 주님이 보시기에는 어떨지 모르지." 이것이 바로 장인 정신이라 할 수 있습니다. 이것이 청지기 정신이요, 복음의 비밀을 맡은 자의 자세입니다.

우리는 하나님 앞에서 결산 받을 날이 올 것입니다. 우리는 주님으로부터 칭찬을 받아야 합니다. 우리는 심판자가 아닐 뿐 아니라 사람들의 평가가 중요하지도 않습니다. 오직 만왕의 왕이신 우리 주님으로부터 칭찬 받는 결산을 해야 합니다. 이것이 가장 성공적인 결산이 될 것입니다. 성공적이요 모범적인 결산을 위해서 우리는 하나님의 비밀, 즉 복음을 맡은 자로 살아야 합니다. 그리고 오직 충성을 다해야 합니다. 그때에 주께서 우리에게 칭찬하실 것입니다. "잘 하였도다 착하고 충성된 종아 내 주인의 즐거움에 참예할지어다" 아멘.

지혜로운 인생

시편 90:10-17

> ¹⁰우리의 연수가 칠십이요 강건하면 팔십이라도 그 연수의 자랑은 수고와 슬픔 뿐이요 신속히 가니 우리가 날아가나이다 ¹¹누가 주의 노여움의 능력을 알며 누가 주의 진노의 두려움을 알리이까 ¹²우리에게 우리 날 계수함을 가르치사 지혜로운 마음을 얻게 하소서 ¹³여호와여 돌아오소서 언제까지니이까 주의 종들을 불쌍히 여기소서 ¹⁴아침에 주의 인자하심이 우리를 만족하게 하사 우리를 일생 동안 즐겁고 기쁘게 하소서 ¹⁵우리를 괴롭게 하신 날수대로와 우리가 화를 당한 연수대로 우리를 기쁘게 하소서 ¹⁶주께서 행하신 일을 주의 종들에게 나타내시며 주의 영광을 그들의 자손에게 나타내소서 ¹⁷주 우리 하나님의 은총을 우리에게 내리게 하사 우리의 손이 행한 일을 우리에게 견고하게 하소서 우리의 손이 행한 일을 견고하게 하소서

인생을 하루 24시간에 비유한 것이 있습니다. 인생의 시작을 오전 7시로 해서 밤 11시까지를 나이별로 맞추어 보았습니다. 그랬더니 15세는 오전 10시 25분, 20세는 11시 34분, 25세는 낮 12시 42분, 30세는 오후 1시 51분, 35세는 3시 정각, 40세는 4시 8분, 45세는 5시 16분, 50세는 6시 25분, 55세는 7시 34분, 60세는 8시 42분, 65세는 9시 51분, 70세는 밤 11시였습니다. 지금 당신의 시간은 몇 시 가량에 서 있습니까?

모세는 80세에 하나님의 명령을 받고 하나님의 능력으로 애굽에서 종살이하던 이스라엘 민족을 탈출시켰습니다. 이스라

엘 민족은 애굽을 떠나온 지 1년 만에 가나안 땅에서 가까운 가데스바네아라는 곳에 도착했습니다. 그리고 그곳에서 12명의 정탐꾼을 보내어 가나안 땅을 정탐케 했습니다. 그런데 그 12명 중 여호수아와 갈렙은 "우리는 가나안 땅에 들어갈 수 있습니다. 들어갑시다." 하고 긍정적으로 말했으나, 나머지 10명은 모두 "우리는 도저히 그 땅에 들어갈 수 없습니다. 불가능합니다." 하고 부정적인 말을 했습니다. 이스라엘 백성들은 부정적인 말을 듣고 애굽으로 돌아가자며 모세와 하나님을 원망하자 하나님께서 진노하셨습니다. 하나님은 원망과 불신앙에 빠진 이스라엘 백성들을 다시 광야로 돌이켜서 가나안 땅에 들어가지도 못하게 하시고 40년 간 연단시키셨습니다. 광야생활 동안 불평하며 불신앙에 빠졌던 사람들은 한 사람씩 죽어갔습니다. 그러는 동안 모세의 나이도 어느덧 120세가 되고, 40년 간의 광야생활이 끝나자 자신도 죽음을 눈앞에 두게 되었습니다. 그는 지난 세월 동안 광야에서 죽어간 이스라엘 백성들을 돌아보면서 인생이란 무엇인가에 대해 깊이 생각했습니다. 그리고 인생의 짧고 헛됨을 탄식하며 하나님께 기도했습니다.

올해 마지막 주일을 맞이한 우리는 과연 지금까지 지혜로운 삶을 살아 왔습니까? 한해의 마지막을 장식하는 이 시간, 지혜로운 인생은 어떤 것인가를 살펴보겠습니다.

1. 세월의 빠름을 알아야 합니다

시편 90편 10절에 보면, "우리의 연수가 칠십이요 강건하면 팔십이라도 그 연수의 자랑은 수고와 슬픔 뿐이요 신속히 가니 우리가 날아가나이다"라고 했습니다. 이 말씀은 빠른 세월을 사는 인생은 '날아가는 듯한 인생'이라는 뜻입니다. 인간은 지극히 순간적이며 무상하다는 것을 3절 이하에서 이렇게 표현합니다. "주께서 사람을 티끌로 돌아가게 하시고 말씀하시기를 너희 인생들은 돌아가라 하셨사오니 주의 목전에는 천년이 지나간 어제 같으며 밤의 한 경점 같을 뿐임이니이다" 인생은 티끌로 돌아갑니다. 인생은 지나간 어제 같고 밤의 한 경점과 같습니다. 사람이 이 땅에서 70년, 혹 강건하여 80년을 산다고 해도 그 기간은 짧은 순간이라는 말입니다. 베드로후서 3장 8절에 보면, "사랑하는 자들아 주께는 하루가 천년 같고 천년이 하루 같은 이 한 가지를 잊지 말라"고 했습니다. 인생이 순간이라는 사실을 잊지 말라는 말입니다. 본문 5절에서는 "주께서 저희를 홍수처럼 쓸어가시나이다"라고 했습니다. 시간의 흐름이란 홍수가 흘러가듯 지나간다는 말입니다. 한 번 흘러가고 다시 돌아오지 않는 홍수처럼 시간도 흘러가고 마는 것을 의미합니다. '홍수처럼 쓸어간다'는 말은 수많은 사람이 노아의 홍수 때에 홍수에 휩쓸려 간 것처럼 세상에서 사라져간다는 말입니다. UN의 통계를 보면, 하루 동안에 사람들이 마치 홍수처럼 죽어가고 있음을 알 수 있습니다. 대홍수로 중국의 양자강이 범람하여 수천 수만의 사람이 죽었고, 남미에서도 엄청난 사람들이 홍수에 휩쓸려 갔습니다. 인생은 홍수처럼 흘러가는 시간에 홍수처럼 죽어갑니다. 그리고 "저희는 잠깐 자는 것 같으며"(시 90:5)라는 말씀이 있습니다. 인생의 일생이 잠시 자는 것과 같다는 말씀입니다. 잘 때에 꾸는 꿈은 현실과 다른 것들이 많습니다. 그런데 꿈에서 깨어 보니 인생이 다 지나가고 말았습니다. 그래서 인생을 일장춘몽이라고 합니다. 그리고 "풀은 아침에 꽃이 피어 자라다가 저녁에는 벤 바 되어 마르나이다"(시 90:6)라고 했습니다. 인생의 아침은 청소년 시절과 같습니다. 꿈이 있고 희망이 있습니다. 그런데 어느 사이에 늙어 저녁이 되고, 벤 바 되어 말라 버리고 마는 것입니다. 사람은 살다가 죽으면 결국 백골이 되고 말라 버립니다. 이사야 40장 6-8절에 보면, "모든 육체는 풀이요 그 모든 아름다움은 들의 꽃과 같으니 풀은 마르고 꽃은 시듦은 여호와의 기운이 그 위에 붊이라 이 백성은 실로 풀이로다 풀은 마르고 꽃은 시드나 우리 하나님의 말씀은 영영히 서리라"고 했습니다. 아침에 피는 꽃의 역사와 인간의 역사에는 별 차이가 없습니다. 사실 인간이란 몹시 흥분했다가도 곧 잊어버리는 꿈과 같고, 잠깐 피었다가 시들어 버리는 꽃과도 같습니다. 그래서 세익스피어는 '인생은 걸어다니는 그림자와 같다.' 고 했습니다. "우리의 평생이 일식간에 다하였나이다"(시 90:9)에서 '일식간'이란 말은 한 번 숨쉬는 사이를 말합니다. 그저 잠간이요 순간이라는 말입니다. 인생이 이렇게 무상하다는 것입니다.

그래서 인생의 결론이 10절에 있습니다. "우리의 연수가 칠십이요 강건하면 팔십이라도 그 연수의 자랑은 수고와 슬픔 뿐이요 신속히 가니 우리가 날아가나이다" 사람의 일생은 괴롭고 슬픈 세상입니다. 그리고 속히 지나갑니다. 날아가듯이 빠르다는 말입니다. 슬픔도 고통도 다 지나갑니다. 지나고 보면 빠른 것이 세월이요 인생입니다.

아직 어린 사람들 중에는 날아가는 인생이라는 말이 실감나지 않고 빨리 어른이 되고 싶은 마음에 세월이 너무 느리다고 생각하는 사람들도 있을 것입니다. 그러나 나이가 많은 사람들은 어떻게든 어려 보이려고 애를 씁니다. 호적에 한 살 적게 되어 있으면 호적대로 나이를 계산하려고 합니다.

세월이 흐르는 속도가 10대는 시속 10km, 20대는 20km, 40대는 40km, 60대는 60km라고 합니다. 여러분의 생각에는 지금 인생의 시속이 얼마나 되는 것 같습니까?

유명한 러시아의 작가 톨스토이(Lev Nikolayevich Graf Tolstoy; 1828-1910)는 "우리는 세상을 사는 것이 아니라 이 세상을 지나가고 있는 것이다."라고 말했습니다. 그는 이 말을 통해서 인생은 나그네 길과 같음을 우리에게 교훈합니다.

한 백발의 노인이 어느 날 젊은 청년들을 모아놓고 인생에 대한 훈계를 하기 시작했습니다. "내가 울고 있던 어린 시절에는 시간이 마치 기어가는 것처럼 천천히 지나갔다. 내가 꿈을 꾸고 이야기했던 청년시절에는 시간이 빠른 걸음처럼 지나갔다. 내가 완전히 성인이 되었을 때는 시간이 마치 뛰어가는 것처럼 지나갔다. 내가 장년이 되어 능력을 과시할 자리에서 활동을 시작했을 때는 시간이 마치 구름처럼 날아가 버렸다. 그리고 내 머리가 흰색으로 변하여 노인이 된 지금은 시간은 이미 나에게서 지나가 버렸다는 것을 깨달았다."

우리에게 남아 있는 시간이 많은 것 같습니까? 그러나 세월은 우리가 생각하는 것보다 빨리 지나갑니다. 어느새 나이를 먹습니다. 기회가 주어졌다가도 어느새 사라집니다. '세월부대인'(歲月不待人)이란 말도 있습니다. 즉 '세월은 사람을 기다려 주지 않는다.'는 말입니다. 어느 누구에게라도 시간은 기다려 주지 않습니다. 그냥 지나가 버립니다. 그러므로 우리는 시간의 빠름을 알아야 합니다. 따라서 우리가 시간을 어떻게 사용하느냐에 따라 행복하게도 불행하게도 살아갈 수 있습니다. 젊었을 때 시간을 잘 활용한 사람은 늙어서도 행복한 삶을 살아갈 수 있지만 시간을 허비한 사람은 불행한 삶을 살아갈 수밖에 없습니다. 성공과 실패도 시간을 어떻게 활용하느냐에 따라 결정됩니다. 시간을 잘 활용해서 승리하며 사는 사람이 있는가 하면 시간을 잘못 활용하여 몰락하고 멸망하는 사람도 있습니다.

2. 우리의 날 수를 계수하는 지혜를 가져야 합니다

"우리에게 우리 날 계수 함을 가르치사 지혜의 마음을 얻게 하소서"
(시 90:12)

모세는 세월이 참 빠르다는 것과 인생의 덧없음을 깨달았습니다. 그래서 그는 '인생을 알게 하옵소서' 하고 기도했습니다. 인생은 짧고 세월은 빠르게 지나갑니다. 과거도 현재도 지나가고 미래가 우리를 기다리고 있습니다. 결국 우리의 종말도 다가오고 있습니다.

어떤 사람이 조사한 것을 보니, 사람은 70년의 인생 중에 잠을 자고 일하는데 각각 20년을 소비한다고 합니다. 7년은 휴식하고 노는 데, 6년은 식사를 하는데, 5년은 옷을 입고 구두를 닦고 머리를 손질하는데, 4년 반은 남의 말을 하거나 잡담하는데, 3년은 무엇인가 기다리는데 소비한다고 합니다. 그리고 아주 정이 많은 부부라도 얼굴을 마주 보고 있는 시간은 겨우 2년 반이라고 합니다. 그리고 신앙생활을 하며 봉사한다고 해도 1년 반 정도의 시간이라고 합니다.

유명한 이태리의 시인 단테(Alighieri Dante; 1265-1321)는 "가장 현명한 자는 허송세월 하는 것을 가장 슬퍼한다."고 했습니다. 세월을 그냥 보내는 것을 슬퍼할 줄 아는 사람이 현명한 사람입니다. 이스라엘의 지혜서인 「탈무드」에는 "한정되어 있는 것이 무엇인가?'라는 질문이 나옵니다. 다시 말하면, "인간이 평생 동안 쓸 수 있는 것 가운데 가장 귀중한 것은 무엇이겠느냐?"는 질문입니다. 그리고 그에 대한 답변으로 '인생에 있어서 가장 중요한 것은 돈이 아니라 시간'이라고 했습니다.

오늘날의 사람들은 자기에게 주어진 것 중에서 가장 중요한 것이 돈인 줄로 압니다. 그러나 시간은 돈보다 중요합니다. 시간과 돈은 인생에 있어서 다 중요하지만, 그 중에서 더 중요한 것은 바로 시간입니다. 시간으로는 돈을 살 수 있으나 돈으로는 시간을 살 수 없습니다. 나갔던 돈은 다시 들어올 수 있지만 한번 지나간 시간은 다시 돌아오지 않습니다. 지나간 내 청춘, 내 인생은 한번 가버리면 돌아오지 않습니다. 지나간 세월은 결코 되찾을 수 없습니다. 시간은 하나님이 우리에게 주신 선물입니다. 그 목적은 시간을 잘 사용해서 하나님과 사람들과 나를 위해 좋은 일을 하고, 하나님께 영광을 돌리게 하기 위해서입니다. 우리는 이렇게 귀한 시간을 어떻게 사용해야 합니까? 시간을 절약하는 방법은 무엇입니까? 성경은 말씀합니다. "부지런하여 게으르지 말고 열심을 품고 주를 섬기라"(롬 12:11). 이처럼 성경은 부지런하라고 권면합니다.

또 기회를 놓치지 말아야 합니다. 기회를 놓치면 다시 오지 않을 수도 있습니다. 봉사의 기회, 전도의 기회, 사업의 기회, 공부의 기회, 일할 기회가 있습니다. 시간을 바로 쓰는 사람은 이 기회를 붙잡을 줄 압니다. 그리고 시간의 청지기로서 아주 중요한 것을 하나님께 바칠 시간을 마땅히 바쳐야 합니다. 우리는 물질의 십일조와 시간의 십일조를 드려야 합니다. 7일 중 하루는 예배를 드리고, 전도와 봉사로 하나님을 위해 살라고 하십니다. 이 인생의 시간이 다 지나면 시간을 맡은 사람은 언제든지 맡긴이에게 돌아가서 셈을 할 때가 옵니다. 그러므로 내가 맡은 시간을 성실하게 사용해야 합니다.

우리에게 주어진 시간을 잘 활용하는 사람은 성공하는 사람입니다. 노만 빈센트 필(Norman Vincent Peal; 1898-1993) 박사는 성공한 사람들, 행복한 사람들에 대하여 이렇게 말합니다. "일찍 자고 일찍 일어나면 건강한 사람, 부자, 그리고 현명한 사람이 될 가능성이 많다." 우리는 하루를 시작하는 아침부터 하나님을 섬기며, 기도하고, 하나님을 찾아야 합니다. 결코 시간을 헛되이 보내서는 안됩니다. 알차고 보람 있게, 그리고 후회 없이 살아야 합니다.

미국의 연방교도소에서 18년 간 복역했던 에드워드 분커라는 사람이 있었습니다. 전과자였던 에드워드 분커는 「미스터 블루」라는 자서전을 써서 범죄 문학상의 결선에까지 올라 작가로서 성공하게 되었습니다. 올해 66세로 미국 로스앤젤레스에 살고 있는 에드워드 분커는 5세 때에 부모의 이혼으로 8세 때부터 아동보호소에서 자랐습니다. 그 후 그의 삶은 소년원 수감, 탈옥, 정신병원 수용 등 악순환의 연속이었습니다. 그는 결국 범죄 조직에 가담했고, 마약 거래와 무장강도 혐의로 검

거되어 최연소 수형자로 교도소에 수감되었습니다. 그런데 그의 인생은 거기에서 바뀌게 되었습니다. 그는 거기에서 독방에 수감된 채 언제 사형이 집행될지 모르는 초조함 속에서도 끊임없이 글을 쓰는 한 사형수를 만나게 되었습니다. 그는 그 사형수로부터 깊은 감명을 받고 결심을 했습니다. "나는 앞으로 죽을 때까지 인생을 헛되이 살지 않을 꺼야!" 그래서 그는 독서를 시작했습니다. 감옥에서는 시간이 많았으므로 유명한 고전 작품들을 모조리 섭렵했습니다. 그리고 그때부터 글도 쓰기 시작했습니다. 그 결과, 18년 간 감옥에 있으면서 장편소설 6편과 단편소설 50편을 쓸 수 있었습니다. 41세가 되어 출옥했을 때에는 그는 이미 작가가 되어 있었습니다. 출소 후에도 그는 미친 듯이 글만 썼습니다. 그는 글을 쓰지 않으면 자신이 다시 타락할 것이라고 생각했습니다. 그래서 아침, 점심, 저녁, 밤낮 없이 글만 썼습니다. 비로소 그의 글은 사람들로부터 인정을 받게 되었습니다. 영화 제작자들로부터 교섭이 들어오고 그가 각본을 쓴 영화가 오스카상 후보에 오르게 되었습니다. 그리고 그의 자서전 「미스터 블루」는 문학상 후보에까지 오르게 되었습니다. '한 시간도, 한 순간도 이제는 내가 헛되게 보내지 않겠다. 이제 나는 시간을 알차게 보낼 것이다.' 라고 결심하고 열심히 살아 온 한 전과자가 소설가로 성공을 하게 된 것입니다.

"그런즉 너희가 어떻게 행할 것을 자세히 주의하여 지혜 없는 자같이 말고 오직 지혜 있는 자같이 하여 세월을 아끼라 때가 악하니라 그러므로 어리석은 자가 되지 말고 오직 주의 뜻이 무엇인가 이해하라"(엡 5:15-17) 사도 바울은 무엇보다도 세월을 아끼라고 당부하고 있습니다. 돈을 아끼라고 하지 않고 세월을 아끼라고 했습니다. 그리고 생명을 주시고, 이 땅에 살게 하시고, 지금까지 모든 것을 허락하신 하나님의 뜻을 깨달아 하나님 앞에 충성과 헌신을 다하라고 했습니다.

우리에게 주어진 시간과 세월을 잘 활용해서 성공하여 행복한 삶을 살아가시기를 바랍니다. 그리고 시간을 지혜롭게 잘 활용하여 하나님 앞에 인정받는 일꾼, 하나님 앞에 충성된 종들이 되시기를 주의 이름으로 기원합니다.

3. 우리의 인생을 기쁘게 살아야 합니다

모세는 하나님 앞에 이렇게 기도했습니다.

> "아침에 주의 인자로 우리를 만족케 하사 우리 평생에 즐겁고 기쁘게 하소서 우리를 곤고케 하신 날수대로와 우리의 화를 당한 연수대로 기쁘게 하소서"(시 90:14-15)

모세는 아침서부터 하나님의 인자를 구했습니다. 그는 또 나이를 먹고서야 비로소 인생에 있어서 행복은 바로 기쁨과 즐거움에 있다는 것을 알게 되었습니다. 그래서 그는 '비록 돈은 없다 할지라도 즐겁고 기쁘게 하옵소서. 권력이나 인기가 없어도 내 인생이 기쁘고 즐겁다면 그것으로 만족합니다. 나의 삶을 즐겁고 기쁘게 하시옵소서. 그리고 우리를 곤고케 하신 날 수대로 우리의 화를 당한 연수대로 기쁘게 하소서. 우리에게 기쁨을 주옵소서' 라고 기도했던 것입니다.

인생을 즐겁게 사는 것이 지혜로운 인생입니다. 우리는 즐겁고 기쁘게, 그리고 만족하며 살아야 합니다. 우리도 이를 위해서 모세처럼 "의심이나 불안이나 두려움이나 공포에 떨지 않게 하시고 하루하루 순간마다 나로 하여금 기쁘게 살게 하여 주시옵소서" 하고 기도해야 합니다. 왜냐하면 기쁨의 근원은 하나님이시기 때문입니다.

오늘날 수많은 사람들은 기쁘게 살기 위해서 몸부림을 칩니다. 술에 취하고 오락에 빠집니다. 스포츠에 빠져서 돈과 시간을 다 낭비합니다. 여러 가지 취미생활도 합니다. 코미디 프로를 보고 기뻐하기도 하고 심지어는 도박까지 합니다. 그러나 그 기쁨은 오래 가지 못합니다. 변함 없는 기쁨, 영원한 기쁨, 생명과 호흡이 있을 때까지 우리를 지켜줄 수 있는 기쁨은 바로 예수님께서 주시는 기쁨이요, 하나님 안에서 주어지는 기쁨입니다. 우리가 기쁨의 근원 되시는 하나님을 영접하여 하나님이 내 안에 계시면 기쁨이 영원히 우리 속에서 떠나지 않습니다.

우리 기독교는 기쁨의 종교입니다. 예수 그리스도의 부활과 하나님의 축복에는 기쁨이 있습니다. 왜냐하면 우리의 기도에 응답하시고, 병을 치료해 주시고, 성령의 충만한 은혜를 주셔서 우리를 인생의 슬픔에서 벗어나게 하시고, 눈에서 눈물을 씻어 주시기 때문입니다. 기쁨은 세상이 주는 것이 아닙니다. 기쁨은 하나님께서 주시므로 기쁨의 근원이 되시는 하나님께서 함께 하시면 우리도 기쁘게 살게 되는 것입니다.

오직 주님만이 우리의 소망이십니다. "주여 주는 대대에 우리의 거처가 되셨나이다 산이 생기기 전 땅과 세계도 주께서 조성하시기 전 곧 영원부터 영원까지 주는 하나님이시니이다" (시 90:1-2) 멕시코 원주민이 사용하는 타라스칸어에 "하나님께서 우리 마음에서 슬픔을 취해 가신다."라는 말이 있다고 합니다. 그것은 '하나님이 우리를 위로하신다.' 는 뜻이라고 합니다. 위로가 무엇입니까? 하나님께서 나의 마음속에 가득한 슬픔과 절망을 취해 가시는 대신 평안과 기쁨을 주시는 것입니다.

돈이 나를 위로하지 못합니다. 세계적으로 제일 잘 사는 나라들, 예컨대 노르웨이, 덴마크, 스위스의 자살률이 제일 높습니다. 권력이 나를 평안하게 만들지 못합니다. 권력은 사람을 투쟁적인 사람으로 만들고 사람을 미치게 만듭니다. 권력투쟁이 있는 곳에는 화해도 평안도 없습니다. 인기도 나를 행복하게 만들지 못합니다. 인기 연예인이 마약복용으로 물의를 일으킨 일이 있었습니다. 줄곧 인기 정상을 차지하다가 후배들의 인기가 올라가면서 작품섭외가 뜸해지고 인기가 바닥으로 떨어지기 시작합니다. 초조하고 불안한 마음에 밤마다 술로 지새지만 평안이 없습니다. 그때 유혹의 손길이 다가옵니다. 그래서 마약에 손을 대고 환각에 빠지기 시작합니다. 그러다가 검찰에 발각되어 형을 살게 됩니다.

여행도 위로가 안됩니다. 사업이 망하고 불면증으로 고생하는 사업가가 있었습니다. 친구들이 주선하여 여행길을 마련해 주었습니다. 친구들이 현장을 떠나면 마음도 몸도 나아질 것이라며 비행기표며 여행 경비를 마련해 주어 제주도로 떠났습니다. 눈 덮인 한라산이 그토록 아름다웠지만 슬프고 초라해 보이는가 하면 밤에 들려오는 파도소리는 장송곡처럼 들렸습니다. 그는 바다를 보며 울고 눈을 보며 울었습니다. 호텔 방에 앉아 통곡하며 자살을 생각했습니다. 그때 책상 위에 있던 호텔의 안내책자와 함께 성경이 눈에 띄었습니다. 뒤적거리다가 펼쳐진 곳이 마태복음 11장 28절이었습니다. "수고하고 무거운 짐 진 자들아 다 내게로 오라 내가 너희를 쉬게 하리라" 그 말씀을 읽고 또 읽었습니다. 그리고 옛날 주일학교에 다니며 부르던 찬송이 떠올랐습니다. 그리던 고향도 떠오르고, 그 고향어귀에 서 있던 초라한 교회도 떠올랐습니다. 그는 흥얼거리며 그 시절의 추억을 더듬으며 노래를 불러 보았습니다. "예수 사랑하심은 거룩하신 말일세, 우리들은 약하나 예수 권세 많도다, 내가 연약할수록 더욱 귀히 여기사, 높은 보좌 위에서 낮은 나를 보시네, 세상 사는 동안에 나와 함께 하시고, 세상 떠나 가는 날 천국 가게 하소서, 날 사랑하심 날 사랑하심 날 사랑하심 성경에 써 있네" 그는 그 날 주님을 만났습니다. 주님 때문에 잃었던 희망과 용기와 삶의 의미와 가치와, 죽어서는 안 될 이유와 더 살아야 할 이유와, 서울로 빨리 돌아가야 할 이유를 찾았습니다. 그는 곧바로 서울로 돌아왔습니다. 그로부터 만 4년 만에 회사를 회복시켰습니다. 그러나 그보다 더 중요한 것은 주님을 만났다는 사실입니다. 그는 주님께로 돌아와 위로와 평안과 용기와 기쁨을 찾게 되었습니다.

우리는 기쁘고 즐겁게 살아야 합니다. 그 비결은 하나님께로 나오는 것입니다. 그것은 하나님께로 나와야 하나님의 백성이 되기 때문입니다. 하나님께로 나와야 평안과 안식과 위로와 회복이 있기 때문입니다.

축복도 하나님께서 주셔야 합니다. 진정한 축복의 근원은 하나님이시기 때문입니다. 이는 마치 나무가 뿌리를 어디에 두느냐에 따라 그 견고한 정도가 달라지는 것과 같습니다. 나무의 생명은 뿌리에 있습니다. 뿌리에서 충분한 수분과 양분을 빨아들입니다. 그래서 뿌리가 깊고 잔뿌리가 많으면 아무리 바람이 불고 폭풍이 몰아쳐도 그 뿌리 때문에 나무는 견고하게 지탱할 수 있습니다. 그러나 뿌리가 얕고 힘이 없으면 그 나무는 바로 죽어버립니다. 마찬가지로 우리 인생도 뿌리가 어디에 있느냐에 따라 흥망성쇠가 달라집니다. 돈에 뿌리를 둔 사람은 돈이 떨어지면 흔들리게 되고, 명예에 뿌리를 둔 사람은 명예가 떨어지면 어찌할 바를 모릅니다. 자기만 믿고 의지하는 사람은 나이 먹고 병들고 인생이 다 지나가고 나면 꿈과 희망도 함께 사라집니다. 오늘날 이와 같이 바람에 밀려다니는 사람이 얼마나 많습니까?

그러면 우리는 인생의 뿌리를 어디에 두어야 합니까? 인생의 뿌리를 하나님의 말씀에 두고, 하나님과 함께 해야 합니다. 인간은 망해도 하나님은 결코 망하지 않습니다. 하나님의 약속의 말씀을 붙들고 기도하며 나가면 하나님께서 역사하시고 은총을 베풀어주십니다.

그러므로 모세는 인생의 뿌리를 축복의 근원이 되시는 하나님께 두고 축복 받기 위해 기도했습니다. "주께서 우리 손의 행사를 견고케 하셔서 하는 일마다 다 형통하고 잘되게 하여 주시옵소서" 우리도 모세처럼 하나님 앞에 기도해야겠습니다. 형통하게 되기 위해 기도하고 축복 받기 위해 기도해야 합니다. 하나님의 약속의 말씀이 그대로 이루어지도록 기도하시기 바랍니다.

한 한의사가 있었습니다. 그는 실력도 있고 재물과 명예도 있었습니다. 그래서 그는 자기가 똑똑해서 그렇게 인생이 잘되는 줄 알았습니다. 그런데 그가 68세가 되었을 때 중풍에 걸렸습니다. 눈에도 풍이 와서 처음에는 물체가 둘로 보이더니 나중에는 시력을 잃고 말았습니다. 자신이 이 한의사이지만 중풍에 걸리자 속수무책이었습니다. 약도 효력이 없었고, 병원에서 수술을 해도 소용이 없다고 하니 절망에 빠질 수밖에 없었습니다. 그는 인생의 말로에 대해 자신의 절망과 허무감으로 한숨을 쉬었습니다. 그러다가 문득 회개가 나왔습니다. "하나님, 제가 잘못했습니다. 제가 교만했습니다. 이제껏 제가 똑똑하고 잘나서 명의가 된 줄 알았는데 저는 자신의 병도 하나 고치지 못합니다. 저의 죄를 용서해 주십시오. 제 병을 고쳐 주시면 전 재산을 바쳐서 하나님의 성전을 짓겠습니다. 남은 인생을 하나님 앞에 충성하며 살겠습니다. 하나님, 잘못했습니다" 그는 자신의 교만했던 죄를 회개했습니다. 눈에서는 하염없이 눈물이 흘렀습니다. 그렇게 석 달 동안 눈물로 기도하자 기적적으로 중풍이 치료되었습니다. 보이지 않던 물체가 서서히 보이기 시작했습니다. 수십 년 간 한의사 생활을 했던 본인도 알 수 없는 놀라운 기적이 그의 몸에서 일어나기 시작했습니다. 기적을 체험하고서야 그는 비로소 하나님을 만나게 되었습니다. 그는 이렇게 기도했습니다. "하나님, 제 나이 70이 되어서야 비로소 살아 계신 하나님을 만나게 되었군요. 이제 죽는 순간까지 이 믿음이 변치 않게 하옵소서"

우리는 즐겁고 기쁘게 살아야 합니다. 그 비결은 우리의 소망을 오직 하나님께 두는 것입니다. 세월은 빨리 지나가므로 우리의 인생을 계수 하는 지혜가 있어야 합니다. 우리의 소망을 하나님께 두고 인생을 즐겁게 살아야 합니다. 이것이 지혜로운 인생입니다. 아멘.

종말의 시작을 알아야 합니다

마가복음 13:1-8

> ¹예수께서 성전에서 나가실 때에 제자 중 하나가 이르되 선생님이여 보소서 이 돌들이 어떠하며 이 건물들이 어떠하니이까 ²예수께서 이르시되 네가 이 큰 건물들을 보느냐 돌 하나도 돌 위에 남지 않고 다 무너뜨려지리라 하시니라 ³예수께서 감람 산에서 성전을 마주 대하여 앉으셨을 때에 베드로와 야고보와 요한과 안드레가 조용히 묻되 ⁴우리에게 이르소서 어느 때에 이런 일이 있겠사오며 이 모든 일이 이루어지려 할 때에 무슨 징조가 있사오리이까 ⁵예수께서 이르시되 너희가 사람의 미혹을 받지 않도록 주의하라 ⁶많은 사람이 내 이름으로 와서 이르되 내가 그리하여 많은 사람을 미혹하리라 ⁷난리와 난리의 소문을 들을 때에 두려워하지 말라 이런 일이 있어야 하되 아직 끝은 아니니라 ⁸민족이 민족을, 나라가 나라를 대적하여 일어나겠고 곳곳에 지진이 있으며 기근이 있으리니 이는 재난의 시작이니라

한해의 마지막 달 12월입니다. 한해의 마지막 달이 있으면 인생의 마지막 달도 있을 것입니다. 그리고 이 지구의 마지막 날도 있을 것입니다. 이것을 세상의 종말이라고 합니다. 종말이 있다는 것을 알고 사는 사람은 지혜로운 사람입니다. 하루의 종말이 있다면 한 달의 종말이 있고 한해의 종말이 있습니다. 그리고 우리 인생의 종말이 있고 우리가 살고 있는 이 세상의 종말도 반드시 옵니다. 이 종말을 알고 사는 사람은 인생을 바르고 지혜롭게 살아갈 수 있습니다.

오늘의 성경 본문은 종말에 대해서 말씀하고 있습니다. "예수께서 성전에서 나가실 때에 제자 중 하나가 가로되 선생님이여 보소서 이 돌들이 어떠하며 이 건물들이 어떠하니이까"(막 13:1) 제자 중에 하나가 성전에서 나오다가 성전 건물을 보고서 예수께 한 말입니다. 즉 "예수님, 이 성전 건물은 영원히 있겠죠?"라는 질문입니다. 그 당시 성전은 솔로몬 시대의 것이 아닌 소위 제3의 성전으로, 이것은 The Second Temple로 제2의 성전이라고 불리던 것을 개축한 것입니다. 그 당시 팔레스타인을 통치하던 헤롯 대왕은 이 성전을 다시 만드는 일에 무려 46년이란 기간이 걸렸습니다. 46년 동안 한 건물에 투자했다면 그 건물이 얼마나 굉장한지 짐작할 만합니다. 그 당시 예루살렘 성전은 정말 굉장했습니다. 그래서 이스라엘 민족들이 이 성전 건물에 대한 자부심과 프라이드, 자긍심을 가질 만큼 대단하고도 견고한 건물이었습니다. 그래서 성전 건축이 완성되었을 때 그들은 이 예루살렘 성전만은 영원히 무너지지 않고 계속될 것이라 생각했습니다.

유명한 유대인 역사가 요세프스는 그 당시 예루살렘 성전을 다시 개축하고 건축할 때 쓰여진 성전 돌 중에 어떤 돌들은 무려 길이가 12m, 세로가 6m, 그리고 높이가 6m나 되는 어마어마한 돌들이 사용되었다고 합니다. 성전 뜰은 대리석으로 깔았고 문은 구리로 만들어졌습니다. 그들은 결코 이 성전은 무너지지 아니할 것이라고 생각했습니다.

그런데 뜻밖에 이런 성전도 결국은 백성들의 죄 때문에 무너질 것이라고 주께서 말씀하셨습니다. 제자들에게 엄청난 충격이었습니다. 그들은 성전이 무너진다면 세상도 무너질 수 있을 것이라 생각했을 것입니다. 그래서 제자들은 예수님께 물었습니다. "예수께서 감람산에서 성전을 마주 대하여 앉으셨을 때에 베드로와 야고보와 요한과 안드레가 종용히 묻자오되 우리에게 이르소서 어느 때에 이런 일이 있겠사오며 이 모든 일이 이루려 할 때에 무슨 징조가 있사오리이까"(막 13:3-4) 이 세상 끝에는 무슨 징조가 있을 것인지에 대한 질문에 대한 대답으로 예수님은 예루살렘 성전의 최후와 함께 세상의 최후를 더불어 경고하셨습니다. 예루살렘 성전도 세상도 다 무너지고 그 무너짐의 징조가 있을 것이라고 하셨습니다. 예수님은 예루살렘 성전의 무너짐을 통해서 세상의 최후의 본보기를 제시하고자 한 것입니다. 실제로 예수님이 예언하신 그대로 정확하게 AD 70년에, 그 당시 로마의 황제인 베스파시아노스 황제의 아들이었던 타이토스 티도 장군이 이끄는 로마의 군대가 예루살렘을 함락시킨 후에 이 성전을 돌 하나 돌 위에 남기지 않고 다 무너뜨렸습니다. 예루살렘 거리에서 백만의 유태인들이 학살을 당했습니다. 그리고 성전은 철저하게 파괴되었고, 성전에서 남은 것이라고는 단지 서쪽 벽 하나뿐입니다. 서쪽 벽, 바로 그 벽이 유명한 통곡의 벽입니다. 성전은 자취도 없이 사라졌고, 유대인들은 그 통곡의 벽에 기도 제목을 꽂아 넣고

울며 기도하는 모습을 지금도 볼 수 있습니다. 예루살렘 성전이 주께서 예언하신 그대로 무너졌다면 세상이 무너질 날도 반드시 올 것입니다.

이미 종말은 시작되었고 그 날은 반드시 옵니다. 종말의 시작을 알아야 마지막을 준비할 수 있습니다. 그렇다면 우리는 어떻게 종말을 준비해야 합니까?

1. 종말의 징조를 이해해야 합니다

오늘 본문에 보면 종말에 대한 여러 가지 징조들이 나옵니다.

1) 종교적 미혹입니다

> "예수께서 이르시되 너희가 사람의 미혹을 받지 않도록 주의하라 많은 사람이 내 이름으로 와서 이르되 내가 그로라 하여 많은 사람을 미혹케 하리라"(막 13:5-6)

예수님은 "많은 사람들이 내 이름으로 와서 '내가 그다', '내가 메시아다' 라고 말하게 될 것"이라고 하셨습니다. 소위 이단들입니다. 잘못된 종교와 거짓된 종교의 미혹은 어느 시대나 있었습니다. 그런데 이런 사람들은 마지막이 가까울수록 더 많아질 것입니다. 그러다 마지막 때에 적그리스도들이 아니라 한 적그리스도(the antichrist)가 출현하게 될 것입니다. 이것은 바로 성경의 예언입니다. '나는 메시아'라고 말하는 사람은 사단의 사주를 받아서 마귀의 종노릇하는 사람일 수도 있고, 또 세상이 불안하여 정신착란증세로 말하는 사람일 수도 있습니다.

사도행전 5장 36절에 보면, AD 44년경에 유대 땅에 드다라는 사람이 일어나 자기가 부활하고 승천했던 예수님의 환생이며 재림한 메시아라고 아주 확신 있게 주장했습니다. 그러자 따라다니는 사람들이 있어서 한동안 유대 땅에서 문제가 되었습니다.

그런데 그 시대의 역사를 읽어보면 재미있는 얘기가 있습니다. 정말 예수님을 사랑했던 예수님의 한 제자가 이 드다에게 가서 말합니다. "당신이 정말 다시 온 메시아이며 다시 재림한 예수 그리스도시라면 당신의 손을 보여주십시오. 당신의 손에 십자가에 못 박혔던 못자국이 있다면 당신은 진실로 우리가 기다리는 메시아일 것이요." 그런데 이 사람은 자기의 손을 펼 수 없어 도망갔다고 합니다. 이런 종교적인 미혹은 예수님의 재림의 때가 가까울수록 점점 더 기승을 부릴 것입니다. 수많은 가짜 메시아가 나타날 것입니다. 그러다가 드디어 적그리스도 한 사람(the antichrist)이 출현할 것입니다.

우리나라에서도 1992년도에 유명한 사건이 있었습니다. 10월 28일에 예수님이 재림하실 것이라 하여 아주 요란했습니다. 휴거 소동이 벌어져 전 세계에 중계방송되었습니다. 다미 선교회와 다베라 선교회에서 벌인 사기극입니다. 많은 사람들이 한 곳에 모여서 하늘로 올라간다고 떠들썩했습니다. 그래서 세상 사람들이 말하기를 다미 선교회는 '다 미친 선교회', 다베라 선교회는 '다 버린 사람들의 선교회'라고 합니다.

마지막은 반드시 옵니다. 그러나 이단들이 말하듯이 그렇게 오지는 않습니다. 이 모든 것이 마귀가 종교적으로 미혹하는 것입니다. 그래서 마귀가 평생 동안 하는 일은 예수님의 행세를 하는 것입니다. 하나님이 육신을 입고 이 땅에 오신 분이 예수님이므로 마귀도 예수님처럼 육신을 입고 나타나기를 원합니다. 그래서 역사의 마지막에는 세계적으로 영향을 끼치는 한 적그리스도(the antichrist)가 등장할 것입니다. 종교적 미혹의 증가는 종말의 중요한 징조라고 성경은 예언하고 있습니다.

2) 사회적 혼란입니다

> "난리와 난리 소문을 들을 때에 두려워 말라 이런 일이 있어야 하되 끝은 아직 아니니라"(막 13:7)

종말의 때에는 여러 가지 유형의 사회적 혼란이 있을 수 있지만 특히 전쟁이 증가합니다. 전쟁은 항상 인류의 역사 속에 있었습니다. 지나간 한 5,500년의 역사를 돌아보면, 그 동안에

14,530회의 전쟁이 역사 속에 기록되고 있습니다. 평균 한 해에 2.6회의 전쟁이 일어난 셈입니다. 그런데 이 전쟁의 빈도는 점점 잦아지고, 스케일이나 파괴력 면에서도 점점 커져갑니다. BC 54년에는 적군 한 사람을 죽이는데 75센트가 소모되었으나 나폴레옹 시대에는 3천 불이 소모되었습니다. 제1차 세계대전 때에는 적군 한 사람을 죽이는데 2만 불, 제2차 세계대전 때에는 2십만 불이 소모되었습니다. 미래 학자들은 만일에 제3차 세계대전이 발발한다면 한 사람의 적을 죽이는 일에 적어도 1백만 불 이상이 소모될 것이라고 예측합니다. 파괴력 또한 엄청난 전쟁을 우리는 지켜보게 될 것입니다.

미국이 아프가니스탄에서 치르는 전쟁 비용은 1개월 평균 5-10억 달러로 추산된다고 미국 워싱턴의 민간 연구기관인 전략 예산 평가 센터(CSBA=Center for Strategic and Budgetary Assessments)가 밝혔습니다. 이 연구소는 미국이 투하한 폭탄 비용은 천차만별이라고 밝혔습니다. 가장 값싼 500파운드 짜리 M-117 폭탄은 300달러씩이며, 최고가인 '토마호크 크루즈' 미사일은 기당 60만-1백만 달러입니다. JDAM 폭탄은 2만 5,600달러, MK-82 '덤' 폭탄은 600-1,400달러, 가장 무거운 폭탄인 BLU-82 '데이지-커터'는 27,000달러, GBU-37 '벙커 버스터'는 231,000달러입니다. 파키스탄에서 실종된 '블랙 호크' 헬리콥터는 1,100만 달러, 아프가니스탄에서 실종된 '페이브 로' 헬리콥터는 4,000만 달러라고 연구소는 밝혔습니다.

또 미해군 FA-18 전폭기는 1시간 비행시 5,000달러가 소모됩니다. 이 연구소의 예산연구국장인 스티븐 코시악(Kosiak)은 "우리의 추산액은 근사치에 가깝다."고 자신했습니다. 그러나 아프가니스탄 전쟁 비용의 정확한 산출은 지극히 어렵습니다. 폭탄 투하량과 비밀리에 전개되는 미군의 지상작전 등 숱한 변수들에 대한 파악이 없이는 정확한 계산이 불가능하기 때문입니다.

미국은 1999년 코소보 내전 당시 30억 달러를 공습에 썼으며, 1991년 페르시안 걸프전쟁 비용은 610억 달러에 달했으나 이 가운데 70억 달러는 우방국들이 부담했다고 이 연구소는 밝혔습니다. 전쟁은 계속 일어나고 있습니다. 1990년대에 소위 동서 냉전 구도가 해체되어 공산주의의 이데올로기가 무너졌습니다. 그때 성급한 어떤 사회학자들은 이제 지구상에서 전쟁은 사라지고 평화의 유토피아가 도래한다고 큰소리 쳤습니다. 그러나 그것은 허구였습니다. 오히려 동서 냉전구도가 해체된 다음에 지구상의 곳곳에서는 더 많은 국지적 전쟁들이 발발하기 시작했습니다. 지금 이 순간도 아프간을 비롯한 필리핀 곳곳에서 전쟁이 계속되고 있습니다. 역사는 최후의 전쟁인 아마겟돈 전쟁을 향해서 흘러가고 있습니다. 성경은 난리와 난리가 계속 일어날 것이라고 말씀합니다. 사람의 힘과 지혜는 결코 이 땅에 평화를 정착시키지 못할 것입니다. 역사는 종말을 향해서 흘러가고 있습니다. 이것이 성경의 예언입니다.

그런데 미국인들은 이런 전쟁을 계기로 신앙을 회복하고 있습니다. 미국에서는 성경 판매가 45%나 증가했습니다. 이번 추수감사절은 오랜만에 재회한 가족들이 이른 성탄절 분위기를 내며 흥분했던 과거와는 달리 인생의 의미를 되새기는 분위기였다고 뉴욕타임스가 전했습니다. 특히 테러 사건으로 삶의 유한성과 인간의 무력함을 깨달은 미국인들은 신앙을 더 중시하게 되었습니다. 각 교회와 성당들은 예배 참석자 수가 5-10% 이상 늘어났다고 전합니다. 보석상에서는 십자가 목걸이의 판매가 늘고 있습니다. 아메리칸 바이블 소사이어티(AMS)는 성경 판매가 지난 해 동기 대비 42%가 증가했다고 밝혔습니다. 이슬람 경전인 코란도 테러 사건 이후 5배 이상 판매량이 늘었다고 합니다.

전쟁이 일어나는 것은 종말의 징조입니다. 지금 이 순간에도 전쟁은 발발하고 있으며 앞으로도 계속될 것입니다.

3) 자연적 재앙입니다

> "민족이 민족을 나라가 나라를 대적하여 일어나겠고 처처에 지진이 있으며 기근이 있으리니 이는 재난의 시작이니라"(막 13:8)

자연적인 재앙의 대표적인 것이 지진과 기근입니다. 성경은 말세에 지진과 기근이 증가될 것이라고 증거합니다. 사실 지진은 현대로 올수록 빈도가 증가되고 스케일도 커져 갑니다. 18세기에는 지진이 전 세계를 통해서 640회, 19세기에 들어와서는 2,119회 일어났습니다. 그런데 20세기에 들어와서는 지진의 횟수만 무려 2만 여 회에 달합니다. 지금까지 우리나라는 지진에서 안전하다고 생각했지만, 이제는 한반도 역시 더 이상 지진에서 자유하지 않다는 보도가 나오고 있습니다.

또 성경은 자연의 재앙으로 기근을 언급하고 있습니다. 이 지구상에 기근으로 죽어 가는 사람들이 얼마나 많습니까? 아프가니스탄에서도 난민들은 배가 고파 아우성이고, 영양실조로 죽어 가는 사람들도 많습니다. 멀리 갈 필요 없이 북녘 땅에서 일어나고 있는 기근의 참상을 우리는 듣고 있습니다. 북녘 땅에서는 수년 간 3백만 명이 죽었다고 합니다. 배고픔을 참지 못하고 접경지대를 떠도는 북녘 땅의 어린 소년소녀 꽃제비들의 모습들을 기억합니다. 이뿐입니까? 전 세계 도처에서 기근으로 수천만 명의 사람들이 굶어 죽어가거나 병들어 죽어가고 있습니다.

성경은 지진과 기근이 일어나면 종말이 시작되었다고 말씀합니다. 우리는 시대를 바라보는 눈을 가져야 합니다. 세상의 마지막이 오고 있음을 이 시대가 보여주고 있습니다.

2. 우리는 마지막 날을 알지 못합니다

그 마지막 때가 언제입니까? 이것이 마지막 때의 비밀입니다. 성경은 말씀합니다.

> "그 날과 그 때는 아무도 모르나니 하늘에 있는 천사들도 아들도 모르고 아버지만 아시느니라"(막 13:32)

그 날과 그 때는 아무도 모릅니다. 분명히 그 날은 아무도 모릅니다. 이것은 성부 하나님의 고유 권한입니다. 천사도 예수님도 모른다고 했습니다. 그런데 예수님이 모른다면 이것은 '모순이 아닌가' 생각할 수도 있습니다. 그러나 해석을 잘 해야 합니다. 예수님이 모른다고 한 것은 재림 사건, 즉 세상 종말은 성부 하나님의 고유 권한이란 말입니다. 물론 하나님이신 예수님이 모를 리가 없습니다. 예수님이 모른다고 하신 것은 단지 성자 예수님의 권한이 아니라는 말입니다. 그러므로 마지막 날을 예언하는 것은 아주 위험합니다. 이런 유혹에 넘어가면 안됩니다. 이단들의 특징은 예수님의 재림 날짜를 예언하는 것입니다. 우리는 세상 종말의 정확한 시기를 알 수 없습니다. 다만 그 징조를 보고 알뿐입니다. 그러면 왜 종말이 언제 있을 지 말씀하지 않았습니까? 그 비밀의 이유가 무엇입니까?

예수님은 말씀하십니다. "가령 사람이 집을 떠나 타국으로 갈 때에 그 종들에게 권한을 주어 각각 사무를 맡기며 문지기에게 깨어 있으라 명함과 같으니 그러므로 깨어 있으라 집주인이 언제 올는지 혹 저물 때엘는지, 밤중엘는지, 닭 울 때엘는지, 새벽엘는지 너희가 알지 못함이라 그가 홀연히 와서 너희의 자는 것을 보지 않도록 하라 깨어 있으라 내가 너희에게 하는 이 말이 모든 사람에게 하는 말이니라 하시니라" (막 13:34-37)

이 말씀은 어떤 주인이 먼 나라로 가면서 종들에게 일을 맡겼습니다. 주인은 "그 때까지 내가 맡긴 이 땅과 이 일을 열심히 돌보아 주시오. 내가 반드시 돌아 올 것이니 그 때가 언제일지는 알 수 없습니다. 그러나 나는 반드시 돌아와서 여러분과 결산하기를 원합니다" 하고 떠났다는 내용입니다. 왜 주인이 돌아 올 시기를 정하지 않았습니까? 여기서 주인의 지혜로움을 알 수 있습니다. 그는 인간의 간교함을 알았습니다. 만일 주인이 어느 날 어느 때에 온다는 시기를 가르쳐 주었다면 한동안 놀며 게으름을 피우다가 주인이 올 즈음에 벼락치기로 일을 한다고 어수선할 것입니다. 그래서 주인은 정확한 시간을 말해 주지 않았습니다.

왜 종말의 정확한 시기를 말씀하지 않았습니까? 그 이유가 무엇입니까? 주님이 말씀하신 의도는 '깨어 있으라.' 는 것입니다. 이 말씀을 세 번이나 반복하셨습니다. '긴장하면서 살아

라. 깨어서 일하라. 항상 준비하고 있으라' 는 메시지입니다. 주님은 모든 사람들에게 하는 말씀이라고 하셨습니다. 모든 사람이 다 깨어 있어야 한다는 말씀입니다. 우리는 항상 주님이 오실 날을 기대하면서 긴장 속에 살아야 합니다. 주님은 오늘밤에 오실 수도 있고 내일 오실 수도 있습니다. 우리가 이 재림을 생각하면 날마다 준비하는 마음으로 살아갈 수가 있습니다. 그것이 바로 주인의 의도입니다. 이것이 바로 종말론적 삶의 태도입니다. 종말론적 삶의 태도는 주님이 언제 오시더라도 그 분을 맞이할 수 있는 당당한 삶을 말합니다. 그 분이 언제 어느 때에 오셔도 부끄럽지 않은 삶을 날마다 준비하며 살아가야 합니다. 우리 주님은 반드시 이 땅에 다시 오십니다.

우리 인간의 삶에는 두 종류의 삶이 있습니다. 하나는 주님을 믿고 주님과 함께 이 땅에서 살다가 주님이 부르실 때 주님과 함께 영원히 천국에서 살게 될 성도의 삶이고, 다른 하나는 땅의 것만 의지하고 사랑하다가 마귀에게 이끌려 지옥에 가서 마귀와 함께 영원히 살게 될 저주와 멸망의 삶입니다. 많은 사람들이 심판이 없다고 말합니다. 그러나 주님은 구름 타고 오시어 온 세상을 심판하실 것입니다. 오늘 현대인들의 문제는 위에 계신 하나님을 무시하고 오로지 땅에 있는 세속의 문화에만 소망을 가지고 있다는 것입니다. 그들은 죄악이 퍼지고 퇴폐한 문화 속에서 병들어가고 있습니다. 주님께서 심판하러 오신다는 것을 알지도 못합니다. 예수님이 하늘로 승천하실 때 천사가 말했습니다. "갈릴리 사람들아 어찌하여 서서 하늘을 쳐다보느냐 너희 가운데서 하늘로 올리우신 이 예수는 하늘로 가심을 본 그대로 오시리라."(행 1:11) 주님은 반드시 다시 오십니다. 그 날이 도적같이 이를 것입니다. 그 날에 하늘은 큰 소리로 떠나가고, 체질이 뜨거운 불에 풀어지고, 땅과 그 중에 있는 모든 일이 다 드러날 것입니다.

제2차 세계대전 때에 맥아더 장군이 남태평양 필리핀 군도를 떠나는 것을 아쉬워하는 사람들에게 이런 유명한 한 마디를 남겼습니다. "I shall return."(나는 돌아 올 것입니다) 그리고 맥아더 장군은 그 약속을 지켰습니다. 그는 일본의 식민지 통치에서 신음하던 아시아의 민중을 해방하는 해방자로 당당히 다시 돌아왔습니다. 그리고 필리핀을 해방시켰습니다. 한 장군이 그 약속을 지킬 수가 있었는데 하물며 하나님의 아들이신 예수 그리스도께서 약속을 지키지 않으시겠습니까?

역사의 주인이신 예수 그리스도께서는 약속대로 반드시 돌아오실 것입니다. 우리는 주님의 재림을 믿습니다. 주님은 영광 가운데 재림할 것입니다. 주님은 오늘밤에 오실 수도 있습니다. 중요한 것은 준비하는 것입니다. 주님을 맞이할 준비가 항상 되어 있어야 한다는 말입니다. 그 분이 언제 오시더라도 저와 여러분은 그분 앞에 부끄럽지 않은 당당한 삶을 준비해야겠습니다. 주께서 오늘밤에 오셔도 "주님, 할렐루야! 제가 준비되었습니다. 저는 주님을 따라 가겠습니다." 할 수 있어야 합니다. 여러분은 이 마지막 준비가 되어 있습니까?

주님은 언제라도 오실 수 있습니다. 또한 우리 자신이 갑작스레 부름 받아 주님 앞에 설 수도 있습니다. 주님은 어느 날 갑자기 오실 것이며, 우리도 어느 날 갑자기 세상을 떠나 그분 앞에 설 것입니다. 그러므로 우리는 항상 준비하고 늘 깨어 있어야 합니다. 주님 앞에 설 때 부끄럽지 않은 당당한 모습으로 설 수 있도록 항상 깨끗하고 주를 위해 최선을 다하는 삶을 살아야 합니다. 우리는 항상 깨어서 준비하며 살아갈 수 있도록 기도해야 합니다.

유명한 J.F. 케네디 대통령이 대통령에 취임한 후 백악관의 첫 번째 손님이 빌리 그래함 목사님이었습니다. 그 때 케네디는 빌리 그래함 목사님에게 이런 질문을 했습니다. "목사님, 역사는 어디로 가고 있습니까?" 아마도 그는 어떤 정치적 대답을 기대했을지도 모릅니다. 이 때 빌리 그래함 목사님은 이렇게 대답했습니다. "이 역사는 예수님의 재림을 향해 흘러가고 있습니다." 이것은 그 누구도 부인할 수 없는 명백한 진리입니다.

역사는 주님의 재림을 향해 흘러가고 있습니다. 우리는 종말의 징조를 보고 있습니다. 사회적 혼란으로 끊임없이 전쟁이 일어나고 있습니다. 자연적 재앙으로 지진과 기근이 계속 일어나고 있습니다. 우리는 마지막 때 주님의 재림의 그 날을 알지 못합니다. 그러므로 우리는 준비해야 합니다. 주님은 말씀하십니다. "깨어 있으라 내가 다시 오리라" 아멘.

어리석은 부자처럼 살지 맙시다

누가복음 12:16-21

> ¹⁶또 비유로 그들에게 말하여 이르시되 한 부자가 그 밭에 소출이 풍성하매 ¹⁷심중에 생각하여 이르되 내가 곡식 쌓아 둘 곳이 없으니 어찌할까 하고 ¹⁸또 이르되 내가 이렇게 하리라 내 곳간을 헐고 더 크게 짓고 내 모든 곡식과 물건을 거기 쌓아 두리라 ¹⁹또 내가 내 영혼에게 이르되 영혼아 여러 해 쓸 물건을 많이 쌓아 두었으니 평안히 쉬고 먹고 마시고 즐거워하자 하리라 하되 ²⁰하나님은 이르시되 어리석은 자여 오늘밤에 네 영혼을 도로 찾으리니 그러면 네 준비한 것이 누구의 것이 되겠느냐 하셨으니 ²¹자기를 위하여 재물을 쌓아 두고 하나님께 대하여 부요하지 못한 자가 이와 같으니라

한해를 마무리하는 시간입니다. 우리는 한해를 어떻게 보내 왔습니까? 아무리 바쁘고 사정이 어떠하든 이제 우리는 한해를 돌아보는 시간을 가져야 합니다. 우리는 지혜로운 자의 삶을 살았습니까? 아니면 어리석은 자의 길을 걸어 왔습니까? 아주 보람 있게 성공적으로 보낸 적도 많지만, 아쉬움과 후회되는 일도 많을 것입니다. 오늘 한해의 마지막 주일을 보내면서, 어리석은 부자의 교훈을 통해 우리 자신의 삶을 돌아보고 새로운 해를 맞이하는 자세를 정립하는 시간이 되시기를 바랍니다.

예수님은 한 부자를 비유로 말씀하시면서 이 부자를 어리석

은 자라고 하셨습니다. 왜 그렇게 말씀하셨습니까? 이 부자는 밭농사 소출이 풍성하여 쌓아 둘 곳이 없을 정도였습니다. 그래서 곳간을 헐고 더 크게 지어 쌓아 둘 계획을 세우고 있었습니다. 그러면서 스스로에게 이런 말을 합니다. "영혼아, 여러 해 쓸 물건을 많이 쌓아 두었으니 평안히 쉬고 먹고 마시고 즐거워하자"(눅 12:19) 예수님은 부자의 이런 태도에 대해 말씀하셨습니다. "어리석은 자여 오늘밤에 네 영혼을 도로 찾으리니 그러면 네 예비한 것이 뉘 것이 되겠느냐 하셨으니 자기를 위하여 재물을 쌓아 두고 하나님께 대하여 부요치 못한 자가 이와 같으니라"(눅 12:20,21)

우리는 결코 어리석은 부자라는 소리를 들어서도 안되고 또한 어리석은 부자처럼 살아서도 안됩니다.

1. 어리석은 부자는 자기의 생명이 유한하다는 사실을 알지 못했습니다

> "또 내가 내 영혼에게 이르되 영혼아 여러 해 쓸 물건을 많이 쌓아 두었으니 평안히 쉬고 먹고 마시고 즐거워하자 하리라 하되 하나님은 이르시되 어리석은 자여 오늘밤에 네 영혼을 도로 찾으리니 그러면 네 예비한 것이 뉘 것이 되겠느냐 하셨으니"(눅 12:19-20)

이 부자는 자신의 생명이 곧 끝날 줄도 모르고 재물이 많으니 이제 염려 걱정 없이 마음껏 먹고 마시며 즐기려 했습니다. 이 부자는 자신의 생명이 그날 밤에 끝날 줄은 꿈에도 생각 못하고 오래 오래 계속될 줄 알았습니다. 그런데 그날 밤에 하나님이 그의 영혼을 불러 가셨습니다. 바로 이것이 어리석은 인생임을 보여줍니다.

  우리 인생은 짧고 유한합니다. 다시 말하면 우리 모두에게 마지막이 찾아온다는 사실입니다. 우리 모두에게 마지막이 점점 가까워 오고 있습니다. 이것을 모르면 어리석은 사람입니다. 이 부자는 그것을 몰랐기 때문에 어리석은 부자라고 합니다. 이 부자가 자신이 그날 밤에 세상을 떠날 줄을 알았다면 자세가 달랐을 것입니다. 그것을 몰랐기 때문에 그는 어리석은 행동을 했습니다. 그런데 문제는 오늘날에도 우리 주위에는 이처럼 어리석은 부자들이 많다는 사실입니다. 우리의 인생은 유한하고 짧습니다. 결코 긴 세월이 아닙니다.

  일본의 어떤 샐러리맨이 30년 간 살아 온 시간을 분석하여 재미있는 통계를 내었습니다. 30년 간은 100,950일인데, 그 중에 그가 잠을 잔 시간이 3,505일, 불쾌한 날이 1,596일, 담배를 피운 시간이 1,140일, 텔레비전을 시청한 시간이 775일, 독서를 한 시간은 722일, 식사 시간이 707일, 전화기를 붙들고 있던 시간이 691일, 축제일이나 관혼상제 또는 다른 사람들의 잔칫날에 참석한 시간이 554일, 연회에 초청을 받아 술을 마신 날이 517일, 다른 사람의 험담을 한 시간이 441일, 술집에 간 날이 266일, 도박을 한 시간이 258일, 이불 위에서 뒹굴고 다다미 위에서 기어다닌 시간이 197일이었습니다.

우리의 인생은 짧기 때문에 시간을 소중히 여겨야 합니다. 우리의 젊은 시절도 한 순간에 지나갑니다. 그러므로 우리의 시간이 그만큼 소중합니다. 그런데 어리석은 자는 시간의 소중성을 모릅니다. 특별히 자신의 인생의 남은 날들에 대해서 심각성이 없습니다. 그러나 지혜로운 사람은 시간이 얼마나 귀한 것인가를 압니다. 그러므로 지혜로운 사람은 우리의 남은 세월에 대하여 신중하고 진지하게 생각하는 사람들입니다. 그러므로 결코 세월을 허송하거나 낭비한다거나 아무렇게나 살지 않습니다.

우리는 이 한해를 어떻게 보냈습니까? 우리에게 맡겨진 지금까지의 세월을 지혜롭게 보냈습니까? 아니면 어리석은 부자처럼 허송세월을 했습니까? 우리는 유한한 인생임을 기억해야 합니다. 한해는 이미 다 지나가 버렸습니다. 다시는 돌아갈 수 없습니다. 그리고 우리의 인생도 마감할 시간이 다가올 것입니다. 이것을 모르는 사람은 어리석은 사람이요, 이것을 알고 준비하는 사람은 지혜로운 사람입니다.

우리는 하나님의 사람 모세의 고백을 마음에 새깁시다. "우리의 연수가 칠십이요 강건하면 팔십이라도 그 연수의 자랑은 수고와 슬픔뿐이요 신속히 가니 우리가 날아가나이다 누가 주의 노의 능력을 알며 누가 주를 두려워하여야 할 대로 주의 진노를 알리이까 우리에게 우리 날 계수함을 가르치사 지혜의 마음을 얻게 하소서"(시 90:10-12) 우리의 남은 날 수를 계수하는 지혜로운 성도가 됩시다.

또한 하나님의 신실한 종 사도 바울은 권면합니다. "그런즉 너희가 어떻게 행할 것을 자세히 주의하여 지혜 없는 자같이 말고 오직 지혜 있는 자같이 하여 세월을 아끼라 때가 악하니라 그러므로 어리석은 자가 되지 말고 오직 주의 뜻이 무엇인가 이해하라 술 취하지 말라 이는 방탕한 것이니 오직 성령의 충만을 받으라"(엡 5:15-18)

우리 인생은 유한한 존재들입니다. 세월은 너무 빨리 지나가 버립니다. 그러므로 우리는 젊음을 자랑하거나 허송세월을 해서도 안됩니다. 우리 모두 우리의 남은 세월을 계수하면서 세월을 아끼는 지혜로운 성도의 삶을 살아갑시다.

2. 어리석은 부자는 잘못된 물질관을 가졌습니다

1) 재물만 있으면 평안하고 즐거울 것으로 알았습니다

"또 비유로 저희에게 일러 가라사대 한 부자가 그 밭에 소출이 풍성하매 심중에 생각하여 가로되 내가 곡식 쌓아 둘 곳이 없으니 어찌할고 하고 또 가로되 내가 이렇게 하리라 내 곡간을 헐고 더 크게 짓고 내 모든 곡식과 물건을 거기 쌓아 두리라"(눅 12:16-18)

이 사람은 사업에 대한 상당한 센스가 있었습니다. 창고를 크게 지어 보관하며 관리하는 능력이 아주 뛰어난 사업 수완을 발휘하고 있었습니다. 그런데 문제는 잘못된 물질관입니다. 그것은 재물만 있으면 행복할 줄로 알았다는 점입니다. 사실은 그것이 아닙니다. 재물이 우리에게 모든 평안과 즐거움을 보장하지는 않습니다. 돈만 많으면 다 행복합니까? 아닙니다. 그런데 이 부자는 재물만 많이 쌓아두면 아무런 염려가 없을 것이라고 생각했습니다. 이것이 어리석은 생각입니다.

1923년 미국의 시카고 에지와트 비치 호텔에 당시 미국 최대의 부호 9명이 자리를 같이했을 때 미국의 대표적인 신문들이 '20세기의 신화'라고 보도했습니다. 그때는 황금만능주의가 편만해 있었습니다. 그들은 큰 회사의 사장들로 돈을 많이 벌었을 뿐 아니라 교육도 많이 받았으며 명성도 있는 소위 성공한 사람들이었습니다. 세상의 표준으로 볼 때 스타였으며 부러울 것이 없었습니다. 그러나 그것은 성공도 참된 행복도 아니었습니다. 세월이 지나 25년 후인 1948년에 그들은 어떻게 되었습니까? 한 사람은 미쳤으며, 세 사람은 파산해서 빚에 쫓겨 도피생활을 하다가 죽었습니다. 그리고 두 사람은 감옥에 갔다가 출옥해서 자살 직전에 있었으며, 세 사람은 자살하고 말았습니다.

그들 중 한 사람도 행복한 사람이 없었습니다. 왜 그렇게 되었습니까? 인생의 궁극적인 목표를 몰랐기 때문입니다. 그들은 물질이 자신들에게 평안과 행복을 안겨줄 줄로 잘못 알고 있었습니다. 그들은 참된 행복이 무엇인가를 몰랐습니다. 참된 평안이 무엇이며 참된 즐거움이 어디에서 나오는지를 몰랐습니다. 결코 물질이 우리의 행복을 보장하지 못합니다.

물질은 필요합니다. 그러나 행복의 보증 수표는 아닙니다. 오늘 날 각종 범죄의 배후에는 전부 돈이 있습니다. 돈 문제로 인하여 하루아침에 평생 쌓아둔 명예가 떨어지는 추악한 모습을 보았습니다. 배반도 보았고 대 기업의 추락도 보았습니다. 물질로 인하여 망신당하는 우리나라를 비롯한 여러 나라의 전직 대통령들의 추악한 모습도 보았습니다.

돈이 행복을 보장할 수 없습니다. 물질이 참된 평안을 주지 못합니다. 우리의 참된 행복은 예수 그리스도 안에서 누리는 참된 구원과 영생의 기쁨, 그리고 천국의 소망입니다. 예수께서 가라사대 "내가 곧 길이요 진리요 생명이니 나로 말미암지 않고는 아버지께로 올 자가 없느니라"(요 14:6)고 말씀하셨습니다.

예수 그리스도는 어제나 오늘이나 영원토록 변함 없이 동일하신 분입니다. 예수 그리스도 안에서 참된 행복과 즐거움을 얻는 지혜로운 성도가 됩시다.

2) 재물을 선하게 사용할 줄 몰랐습니다

> "또 내가 내 영혼에게 이르되 영혼아 여러 해 쓸 물건을 많이 쌓아 두었으니 평안히 쉬고 먹고 마시고 즐거워하자 하리라"(눅 12:19)

부자의 물질관은 먹고 마시고 즐기자 주의입니다. 이것은 잘못되었습니다. 하나님께서 우리에게 물질을 주신 것은 축복입니다. 그러므로 그것을 잘 선용해야 합니다. 자신만 먹고 마시고 즐기고 소비해서는 안됩니다. 오늘 날 이 시대는 쾌락주의와 향락주의가 만연합니다. 여기에 많은 사람들이 따라갑니다.

28년 만에 내국인 출입이 허용된 강원도 정선군 폐광촌 카지노가 일확천금을 꿈꾸며 전국 각지에서 몰려드는 사람들로 연일 만원입니다. 사람들은 누구나 카지노에 들어서는 순간 '대박'의 기대감으로 가슴이 설렙니다. 배당이 눈덩이처럼 불어나는 프로그레시브 슬롯머신이나 한번에 수백만 원도 만질 수 있다는 게임 테이블에서 밤이 새도록 그 '대박'을 좇습니다. 주변에서 환호성이 터질 때마다 '나도 할 수 있다'는 환상에 사로잡혀 더욱 게임에 빠져들게 됩니다. 그러나 '잭팟'의 환호성이 터지는 그 순간에 다른 수백 명은 생돈을 날리며 한숨짓고 있다는 사실을 모릅니다. 아니 모른다기보다는 애써 외면합니다. 대부분 500원짜리(1회 최대 배팅 1,500원)를 쓰는 스몰카지노 슬롯머신에 10만 원을 쏟아 붓는데는 30분도 걸리지 않습니다. 최하 배팅이 1만 원인 블랙잭이나 바카라 게임의 경우 최소한 100만 원은 손에 쥐어야 덤벼볼 수 있지만 온종일 빈자리가 없을 정도로 인기가 높습니다. 사정이 이렇다 보니 카지노가 개장한지 얼마 안 되었지만 하룻밤에 수백만 원에서 수천만 원까지 돈을 잃는 사람들이 속출하고 있습니다. 오전 6시 카지노 영업이 끝난 직후에 카지노호텔 사우나에 들린 30대 남자는 '제주도에서 카지노 개장 소식을 듣고 와서 5일간 바카라에서 8천만 원을 날렸다.'며 허탈해 했습니다. '큰 손'이나 '전문꾼' 들이 많이 모이는 이 사우나에서는 하룻밤에 수백만 원을 잃은 정도는 명함도 내밀지 못한다는 것이 호텔 직원의 귀띔입니다. 수천만 원을 날린 사람도 적지 않기 때문입니다. 태백시에 산다는 한 택시기사는 "2일 밤에 카지노호텔에서 손님을 태우고 청주까지 갔다왔습니다. 그런데 개인택시기사라는 그 손님은 '택시를 처분해 마련한 3천만 원을 다 날렸다.'며 담배만 피워댔다."고 말했습니다. 전 달 자정께 카지노장 입구에서는 50대 남자가 하루만에 1천만 원을 잃었다며, 카지노 관계자들에게 거칠게 항의하는 소동이 벌어지기도 했습니다.

  카지노에서 거액을 날리기는 인근 지역 주민들도 마찬가지입니다. 요즘 태백시에서는 '모 씨가 카지노 VIP룸에서 2천만 원을 잃었다더라.', '사업을 하는 Y씨가 2일 바카라에서 1천만 원을 땄다가 다음날 오후 2시간만에 8백만 원을 잃었다더라.' 등의 소문이 나돌고 있습니다.

'카지노의 생리상 고객은 결국 돈을 잃게 된다.' 는 카지노 관계자의 말을 빌지 않더라도, '이대로 가다가는 카지노 때문에 패가망신하는 사람들이 속출할 수밖에 없다.' 는 것이 요즘 폐광촌 사람들의 걱정입니다. 한마디로 이들은 결코 지혜로운 자들이 아니라 어리석은 부자들이며, 하나님 앞에서 책망 받을 자들입니다.

어리석은 부자는 물질을 함부로 사용합니다. 이것은 크게 잘못된 것입니다. 내가 번 돈이라고 내 것이 아니며, 내가 번 돈이라고 마음대로 허비해서도 안됩니다. 먹고 마시고 즐기는 것은 비생산적인 일로 결국 타락의 길로 들어가고 맙니다. 우리는 열심히 일한 대가로 보람 있게 사용하고 모든 사람에게 유익을 주어야 합니다.

3) 우리는 물질을 바르게 사용해야 합니다

① 물질의 축복을 주신 복의 근원이신 하나님께 감사해야 합니다. 우리가 가진 물질로 하나님의 영광과 복음과 교회를 위해 사용해야 합니다. 우리가 물질을 얻은 것은 오직 우리 자신의 지식과 경험과 노력만으로 얻은 것이 아닙니다. 하나님께서 건강과 좋은 직장과 사업을 주시어 열심히 일한 결과입니다. 많은 위험과 장애물이 있었으나 하나님께서 지켜주시고 은혜를 베풀어 주셨으므로 물질을 얻을 수 있었습니다. 그러

므로 물질은 하나님의 축복으로 된 것입니다. 따라서 복의 근원이신 하나님께 감사 드려야 합니다. 심중 깊은 곳에서 감사하고 예물을 드림으로 감사해야 합니다.

② 우리에게 주신 물질로 이웃을 섬겨야 합니다. 하나님께서 주신 물질로 이웃과 사회에 유익을 주는 일을 해야 합니다. 남에게 도움이 되는 일을 해야 합니다. 우리는 우리가 가진 물질로 다른 사람에게 죄를 짓게 하거나 타락시키는 일을 해서는 안됩니다. 그것은 마귀가 좋아하는 일입니다. 이런 일은 어리석은 자들이 하는 짓입니다. 우리는 하나님이 주신 물질로 구제하며 사랑을 실천해야 합니다. 이런 사람이 지혜로운 사람입니다.

미국의 한 재력가가 수천만 달러의 유산을 출석하는 교회에 조건 없이 기부했습니다. 미국 조지아주 성 마리아 연합 감리교회 교인들은 최근 이 지역의 거부인 워런 베일리가 헌금한 유산 6,000만 달러를 사회에 기부키로 했다고 AP통신이 보도했습니다. AP에 따르면, 성 마리아 교회에 뜻하지 않은 행운이 깃든 것은 지난 7월 14일이었습니다. 이 날 88세를 일기로 심장병으로 숨진 이 지역 전화회사 워런 베일리 회장의 유언장이 공개되면서부터입니다. 지난 41년 동안 가업을 이어받아 캠든 전화회사 회장으로 취임한 베일리는 이 지역에 해군기지와 종이공장이 들어서면서 거부로 성장했습니다. 시골의 소규모 전화상에서 수천만 달러의 기업가로 성장한 베일리는 항상 지역 주민에게 고마움을 느꼈습니다. 베일리는 거부가 된 뒤에도 어려웠던 사업초기를 떠올리며 말년까지도 패스트 푸드점에서 저녁을 해결했으며, 한달 7.5달러의 쓰레기 수거비를 절약하기 위해 쓰레기를 손수 내다버렸습니다. 부인과 이혼하여 후손도 없이 황혼을 보내던 베일리는 1996년도에 고문 변호사를 통해 유언장을 작성했습니다. 이 유언장에서 그는 친지들에게는 불과 22만 달러만 남기고, 나머지 6,000만 달러는 자신이 출석하던 성 마리아 연합 감리교회에 조건 없이 기탁했습니다. 고문 변호사는 이를 4년 동안 비밀로 하다가 베일리가 숨지자 전격 공개했습니다. 사실을 알게 된 신도들은 처음에는 환호했습니다. 그러나 돈의 쓰임새를 놓고 교회 증축이나 개인의 빚 정리 등의 요구가 쏟아지자 이내 이 돈이 축복이자 짐이 된다는 것을 깨달았습니다. 이 교회의 데릭 매컬리어 목사는 기도 끝에 결론을 얻었습니다. 성경 속에서 돈과 관련된 164개의 구절을 찾아 돈이 탐욕과 유혹의 근원이라는 것을 발견했습니다. 목사와 교인들은 9일(현지 시간)에 회의를 개최하여 교회 예산 29만 8,000달러를 제외한 나머지 전액을 사회에 환원하기로 했습니다. 1,600만 달러는 다른 어려운 교회들에게 기부했고, 나머지 4,000만 달러는 비영리 법인에 쾌척했습니다. 또 나머지 280만 달러는 고인의 뜻을 기리기 위해 베일리 재단을 세우기로 했습니다. 매컬리어 목사는 "우리로서는 복권 당첨의 행운을 잡은 셈이었지만 이 돈이 우리 모두를 분열시키고 고인을 욕되게 할까 두려웠다."고 담담하게 말했습니다.

우리는 결코 어리석은 부자의 전철을 밟아서는 안됩니다. 우리는 하나님께서 주신 물질로 하나님과 이웃을 위하여 바르게 사용함으로 더 큰 축복과 기쁨을 얻는 지혜로운 성도가 됩시다.

3. 어리석은 부자는 무엇보다 중요한 내세에 대한 준비를 하지 못했습니다

> "하나님은 이르시되 어리석은 자여 오늘밤에 네 영혼을 도로 찾으리니 그러면 네 예비한 것이 뉘 것이 되겠느냐 하셨으니"(눅 12:20)

우리 인생에게는 반드시 마지막이 옵니다. 한해의 마지막이 오듯이 인생의 마지막이 옵니다. 그리고 이 세상의 마지막도 옵니다. 그런데 이 부자는 자신의 마지막을 준비하지 못했습니다. 그는 이 세상만 생각하며 먹고 마시고 즐기자는 현세주의자였습니다. 그는 자신의 인생이 이 세상을 떠날 것을 생각지 못했기 때문에 내세에 대한 준비가 전혀 되어 있지 않았습니다. 그는 우리 인생의 가장 근본적인 문제를 몰랐던 어리석은 사람입니다. 인생은 하나님으로부터 왔다가 하나님께로 돌아간다는 것을 그는 몰랐습니다. 그러므로 어리석은 사람입니다.

이 세상의 모든 것은 다 기한이 있고 시작이 있으면 끝이 있습니다. 전무후무한 지혜의 왕 솔로몬의 고백을 봅시다. "천하에 범사가 기한이 있고 모든 목적이 이룰 때가 있나니 날 때가 있고 죽을 때가 있으며 심을 때가 있고 심은 것을 뽑을 때가 있으며 죽일 때가 있고 치료시킬 때가 있으며 헐 때가 있고 세울 때가 있으며 울 때가 있고 웃을 때가 있으며 슬퍼할 때가 있고 춤출 때가 있으며 돌을 던져 버릴 때가 있고 돌을 거둘 때가 있으며 안을 때가 있고 안는 일을 멀리 할 때가 있으며 찾을 때가 있고 잃을 때가 있으며 지킬 때가 있고 버릴 때가 있으며 찢을 때가 있고 꿰맬 때가 있으며 잠잠할 때가 있고 말할 때가 있으며 사랑할 때가 있고 미워할 때가 있으며 전쟁할 때가 있고 평화할 때가 있느니라 일하는 자가 그 수고로 말미암아 무슨 이익이 있으랴 하나님이 인생들에게 노고를 주사 애쓰게 하신 것을 내가 보았노라"(전 3:1-10)

천하에 범사가 기한이 있고 모든 목적이 이룰 때가 있습니다. 우리 인생에게는 마지막이 옵니다. 그러므로 우리의 짧은 인생을 보람 있게 보내야 합니다. 그리고 내세를 준비해야 합니다. 우리는 우리가 돌아갈 본향 천국을 바라보고 준비하면서 살아야 합니다. 이것이 지혜로운 삶입니다.

우리의 내세를 바라보아야 합니다. 천국에 대한 소망을 가져야 합니다. 천국은 우리의 본향입니다. 그러므로 하늘에 계신 주님을 바라보아야 합니다. 그런데 우리는 무엇을 보고 살아갑니까? 오늘 날 많은 사람들이 땅을 바라보고 살아가고 있습니다. 영원한 하나님의 나라 천국을 소망하지 못하고, 이 세상만 바라보고 있습니다.

미국의 어느 소년이 길에서 5달러 짜리 지폐를 주웠습니다. 그러자 그 소년은 얼마나 기분이 좋았던지 행여 또 이런 일이 있을까하여 땅만 내려다보며 다니다가 그만 그것이 습관이 되고 말았습니다. 그는 일생동안 길에서 물건을 줍는 것이 큰 취미가 되었습니다. 그는 단추가 29,519개, 머리핀이 54,172개, 수천 개의 동전, 그 외에 수많은 자질구레한 것들을 많이 주웠습니다. 그런데 그는 그런 것들을 줍느라고 푸른 하늘이나 지상의 꽃과 새 등 자연의 아름다움을 볼 많은 기회를 잃었습니다. 그의 일생은 결국 넝마주의 인생으로 끝나고 말았습니다.

어느 구두닦이 소년은 구두를 닦을 신발을 찾기 위해 하루종일 지나가는 사람들의 신발만 쳐다보았습니다. 그는 그렇게 함으로 생계는 유지할 수 있었으나 그 이상의 것을 쳐다 볼 기회를 잃었습니다. 결국 그의 인생은 구두닦이로 마치지 않으면 안되었습니다.

사람은 무엇을 쳐다보며 사느냐에 따라 그의 인생이 결정됩니다. 땅을 쳐다보며 사는 자는 땅의 것으로 살 것이요 하늘을 쳐다보며 사는 자는 하늘의 것으로 살 것입니다. 미래를 바라보며 사는 자는 미래에 올 꿈과 소망으로 기쁨을 누릴 것입니다. 땅의 것만 바라보며 사는 사람은 저속해지고 비열해지나 하늘의 것을 보는 사람은 거룩해집니다.

　고신대학교 복음병원의 초대 원장이신 장기려(張起呂) 박사는 평생 '인자의 온 것은 섬김을 받으려 함이 아니라 도리어 섬기려 하고 자기 목숨을 많은 사람의 대속물로 주려 함이니라' 는 성경 구절을 몸으로 실천하며 사신 분으로 알려지고 있습니다. 장 박사는 살아 있는 동안 자신에게 주어진 재능을 다른 사람들을 위해 다 쓰고 갈 수 있게 해 달라고 매일 기도한다고 말했습니다. 그런데 장 박사는 재능뿐 아니라 그가 가진 모든 것을 다른 사람들을 위해 다 쓰고 빈손으로 떠났습니다. 눈을 감는 순간까지 이 세상에 집 한 채 가지지 않았던 그의 무소유 생애를 춘원 이광수는 '성인인지 바보인지 모르겠다.' 고 말한 적이 있습니다. 세인들은 그를 깨끗한 한 마리의 학과 같은 생애였다고 말했습니다. 그는 성탄절인 25일 새벽에 세상을 떠났습니다. 평생을 가난한 사람들을 위해 헌신한 장 박사는 사랑과 봉사의 86년 간의 생애를 조용히 마감했습니다. 그 분은 "나의 비문에 '주를 섬기고 간 사람' 이라고 기록해 달라."는 유언을 남겼습니다. 이 분의 삶을 보면 참으로 믿음 안에서 거룩하게 살았음을 볼 수 있습니다.

　1909년 평북 용천에서 출생

　1940년 경성의전을 나와 선교사들이 세운 평양 기홀병원(홀 선교사 기념 병원)봉사

　1950년 12월 월남(북한에 아내와 5남매를 남겨 두고 차남과

남쪽으로 피난)

1951년 부산 제3영도교회 창고에서 피난민, 극빈자, 행려병자를 위한 무료진료소 설치

1968년 청십자 의료 협동조합 창설. 수 없이 많은 의사 후배들을 배출

1979년 막사이사이상 수상

생의 마지막에는 고신의료원이 마련해 준 병원 옥상에 있는 24평 짜리 집에서 검소하게 생활 하다가 하나님의 부르심을 받았습니다. 그 분은 세상을 바라보지 않고 하나님의 나라만을 바라보고 살아 온 지혜로운 분입니다. 그는 철저히 내세를 준비하고 소망하면서 살아간 믿음의 사람이었습니다.

어리석은 부자는 이 세상에서 즐길 일만 생각하고 내세를 전혀 준비하지 못한 실패자입니다. 우리는 하나님 나라를 바라보며 내세를 준비하는 지혜로운 성도가 되어야 합니다.

우리는 결코 어리석은 부자의 전철을 밟아서는 안됩니다. 인생은 유한한 존재이며 그 기간은 짧습니다. 그렇기 때문에 세월을 아껴야 합니다. 하나님께서 우리에게 물질과 건강과 생명의 축복을 주셨습니다. 우리는 어리석은 자같이 결코 쾌락이나 향락주의로 살 것이 아니라 하나님과 이웃을 위하여 사용할 줄 알아야 합니다. 이 세상 다음의 내세, 즉 하나님의 나라 천국을 바라보며 그 날을 준비하는 지혜로운 성도가 되어야 합니다.

우리 모두 한해를 돌아보면서 하나님 앞에 잘못한 어리석은 것들을 진심으로 회개합시다. 그리고 감사할 일이 많은 성도는 뜨거운 감사를 드리고, 이제 겸손하게 새해를 계획해야 할 때입니다. 잊을 것은 잊고 포기할 것은 포기해야 합니다. 이제 믿음으로 시작해야 합니다. 한해를 보내고 새해를 맞이하는 이 시점에 우리는 믿음 위에 굳게 서야 합니다. 그리고 우리 주 예수님의 말씀을 마음에 깊이 새깁시다. "너희가 내 안에 거하고 내 말이 너희 안에 거하면 무엇이든지 원하는 대로 구하라 그리하면 이루리라"(요 15:7) 아멘.

PART 2

믿는 자의 본이 됩시다

■:■: 디모데전서 4:12-16

> ¹²누구든지 네 연소함을 업신여기지 못하게 하고 오직 말과 행실과 사랑과 믿음과 정절에 있어서 믿는 자에게 본이 되어 ¹³내가 이를 때까지 읽는 것과 권하는 것과 가르치는 것에 전념하라 ¹⁴네 속에 있는 은사 곧 장로의 회에서 안수 받을 때에 예언을 통하여 받은 것을 가볍게 여기지 말며 ¹⁵이 모든 일에 전심 전력하여 너의 성숙함을 모든 사람에게 나타나게 하라 ¹⁶네가 네 자신과 가르침을 살펴 이 일을 계속하라 이것을 행함으로 네 자신과 네게 듣는 자를 구원하리라

새해를 맞아 우리는 진보하며 성장해야 합니다. '진보'에 해당하는 헬라어 '프로코페'(προκοπή)는 '똑바로 나아가다', '발전하다'라는 의미를 가지고 있습니다. 우리의 신앙생활은 진보하고 성장해야 합니다. 우리의 가정생활도 진보하고 성장해야 합니다.

우리가 진보하고 성장한다는 것은 구체적으로 어떤 것을 말합니까? 그것은 우리가 믿는 자들에게 본이 되는 것입니다. 다른 사람에게 모범을 보이고 본이 되는 것이 진보하며 성장하는 것입니다. "누구든지 네 연소함을 업신여기지 못하게 하고 오직 말과 행실과 사랑과 믿음과 정절에 대하여 믿는 자에게 본이 되어"(딤전 4:12)라고 했습니다.

'본'에 해당하는 헬라어 '튀포스'(τύπος)는 '상처를 내다'라는 뜻인 '튑토'(τύπτω)로부터 나온 단어로서 어떤 것을 만드

는데 필요한 '양식', '모델', '본보기'라는 뜻입니다(빌 3:17, 살전 1:7, 살후 3:9). 믿음의 사역자인 디모데는 젊었습니다. 그러나 사도 바울은 인생의 경험이 충분한 사람처럼 말과 행실에 있어서 사랑과 믿음으로 다른 사람을 보살펴주고 하나님과 사람 앞에서 믿음직한 행동을 하도록 권면하고 있습니다.

어느 훌륭한 초등학교 교장 선생님께서 은퇴식을 하면서 "내가 반드시 자신 있게 '이렇게 살았다.'고 말하면서 은퇴하려 했지만, 막상 오늘 이 날을 맞아 그런 말을 하지 못하고 떠나게 되니 한없이 부끄럽기만 합니다."라고 울먹이며 답사를 했다고 합니다. 인생은 훌륭하게 살았다고 해도 후회할 것이 많습니다. 그러나 오늘 성경에 나오는 바울 사도는 정말 후회 없이 살았습니다. 물론 그 자신도 완벽한 사람은 아니었습니다. 그럼에도 그는 오늘 날 믿음의 사람들의 모델이 되고 있습니다. 오늘 본문 말씀에도 바울 사도는 아들 같이 여기는 디모데에게 '믿는 자의 본이 되라'고 당부하고 있습니다.

우리도 진보와 성장을 위해 믿는 자의 본이 되는 삶을 살아야 합니다. 우리의 진보와 성장을 위해 어떻게 해야 합니까?

1. 연소함을 업신여기지 못하게 해야 합니다

사도 바울은 믿음의 아들 디모데에게 "누구든지 네 연소함을 업신여기지 못하게"(딤전 4:12) 하라고 했습니다. 누구든지 진보하며 성장하는 성도에게는 연소함을 업신여기지 못하도록 해야 합니다. '연소함'이란 '젊음'을 뜻하는 '네오스'(νέος)에서 온 말로, 유대 사회에서 군대에 갈 만큼 성장한 나이에서부터 40세에 달하는 사람을 가리켜 사용했습니다. 많은 학자들은 디모데의 나이가 매우 어렸을 것으로 추측합니다. 그러나 바울이 여기서 사용한 '연소함'은 나이가 어리다는 의미도 있지만 인생과 신앙생활의 경륜이 적다는 말입니다. 바울 사도는 그리스도의 사역자가 연륜과 경륜 때문에 업신여김을 받는 것을 원치 않았습니다. 따라서 바울은 디모데에게 그가 가지고 있는 상대적인 연소함을 다른 사람들이 업신여기지 못하도록 진보하며 성장하기를 요구하고 있습니다. 어떻게 하면 연소함을 업신여기지 않을 수 있습니까? 그것은 말과 행동, 즉 생활의 진지함으로 극복할 수 있습니다. 신앙과 인격으로 모범을 보임으로 권위를 가져야 합니다. 하나님의 종인 사역자들과 교회 직분자들의 권위는 어디에서 옵니까? 그것은 외부적인 치장이나 장식, 그리고 연령에서 오는 것이 아닙니다. 말씀대로 바로 살며 바로 가르치는 거룩한 생활에서 옵니다. 즉 영적 권위에서 옵니다.

믿음의 사람 다윗은 어린 소년이었지만 블레셋의 골리앗을 물리치고 위기에 처한 나라를 구함으로 하나님의 영광을 나타내었습니다. 누가 그의 연소함을 업신여길 수 있습니까? 청교도 설교자의 황태자로 알려진 스펄전 목사는 19세에 대중 앞에서 설교함으로 하나님의 역사를 이루기 시작했습니다. 누가 그의 연소함을 업신여길 수 있습니까? 우리 예수님은 30세에 복음 사역을 시작하시고, 33세에 십자가에서 죄인을 구속하는 위대한 사역을 이루셨습니다.

우리는 연소함으로 인해 업신여김을 받으면 안됩니다. 우리는 업신여김을 받는 사람이 아니라 존경받는 사람이 되어야 합니다. 존경받으려면 본이 되고 모델이 되어야 합니다. 존경은 말이나 강압에서 오는 것이 아닙니다. 우리의 삶을 통한 신앙과 인격에서 옵니다.

크리미아 전쟁이 발발했을 때, 플로렌스 나이팅게일은 적군에게도 지성으로 치료해 주었습니다. 적군병사가 그녀에게 "You are Christ to me." (당신은 나에게 예수님이십니다)라고 했습니다. 존경받으려면 분명한 신앙인격이 있어야 합니다.

나이가 어리다고 주를 위해 일하지 못하는 것이 아닙니다. 기도하고 배우고 노력하고 애쓰면 진보하고 성장합니다. 그런 사람을 업신여길 수는 없습니다. 사도 바울은 오늘 본문에서, 모범을 보이면 업신여김을 당하지 않으므로 믿는 자의 본이 되라고 합니다.

우리는 본을 보여야 합니다. 우리의 인격과 삶이 모범이 되어야 존경을 받고 업신여김을 당하지 않습니다. 우리의 말이 보증수표가 되고 우리의 삶이 거룩하고 진실하면 본이 될 수 있습니다. 이때 우리는 진보하며 성장할 수 있습니다.

우리 모두 어디에서 무슨 일을 하든지 우리의 신앙과 생활 속에서 업신여김을 당하지 않도록 진보하며 성장하여 본을 보이는 삶을 사는 성도가 됩시다.

2. 진보하며 성장해야 합니다

오늘 본문은 구체적으로 우리가 진보하며 성장해야 할 것을 말씀하고 있습니다.

> "누구든지 네 연소함을 업신여기지 못하게 하고 오직 말과 행실과 사랑과 믿음과 정절에 대하여 믿는 자에게 본이 되어"(딤전 4:12)

1) 말과 행실에 본이 되어야 합니다

① 말에 본을 보여야 합니다. '말'이란 공개적인 연설뿐만 아니라 사적인 대화까지도 포함합니다. 우리 성도는 무엇보다도 말이 변화되어야 합니다. 예수 그리스도를 믿고 죄 사함을 받아 거듭난 성도들은 무엇보다도 정직한 영으로 새롭게 됩니다(시 51:10). 그래서 예수 그리스도를 구세주로 영접하여 예수 그리스도의 영을 받은 진정한 그리스도인인지 아닌지는 그

의 입에서 나오는 말을 통하여 분별할 수 있습니다(롬 10:9-10). 그래서 성령이 충만한 다윗은 날마다 자신의 입술의 모든 말을 들으시는 하나님께서 그의 모든 말을 기쁘시게 받으시기를 구했습니다(시 19:14). 다윗은 정직한 입술로 기도하여 많은 응답을 받았습니다(시 141:3).

우리는 부정한 말을 버리고 항상 하나님께서 기쁘게 받으시는 입술의 열매를 맺어야 합니다(엡 5:4-7, 히 13:15). 그리스도의 영(성령)이 우리 속에 거하면 성령이 우리의 마음과 생각을 주장하시므로, 우리의 입술에서 쓴물이 아닌 단물이 됩니다(약 3:8-12). 성경은 말씀합니다. "선한 사람은 마음의 쌓은 선에서 선을 내고 악한 자는 그 쌓은 악에서 악을 내나니 이는 마음의 가득한 것을 입으로 말함이니라"(눅 6:45)

② 그리고 행실에 본을 보여야 합니다. '행실'은 다른 사람과 관계되는 행동을 의미합니다. 하나님의 사람은 생활 방식까지 변화되어야 합니다. 신앙은 새로운 가치관과 인생관과 세계관을 통해 습관을 고칩니다.

한 때 식인종들이 살았던 남태평양의 한 휴양지에서 한 원주민이 나무 그늘에서 조용히 성경을 읽고 있었습니다. 불신자인 교만한 한 부자 백인 여행객이 지나다가 "지금 최첨단 과학 우주시대에서 아직도 고리타분하게 성경을 읽고 있는 사람도 있습니까?" 하고 조롱했습니다. 그러자 원주민은 하얀 치아를 드러내며 환하게 웃으면서 말했습니다. "백인 아저씨 양반, 만일 내가 성경을 읽지 않았다면 당신은 지금 내 뱃속에서 소화되고 있을 것입니다." 습관은 제2의 천성이라고 했습니다. 습관이 자신의 운명을 결정합니다. 믿음으로 말미암아 몸의 변화, 즉 거룩한 습관과 복음적인 행실과 건전한 생활방식으로 변화되어야 합니다(롬 12:1-3). 하나님의 사람은 말과 행실이 진보해야 합니다.

오랜 가뭄이 계속되었을 때, 어느 믿음이 좋은 가정의 아버지가 아침식사 때에 대표기도를 했습니다. "하나님, 오늘은 비를 주실 줄로 믿습니다." 하고 다같이 '아멘' 했습니다. 그리고 식사가 끝난 후에 초등학교 3학년 아들이 우산을 찾았습니다. 아버지가 "이렇게 날씨가 맑은데 무슨 우산이냐?"고 했더니 "아빠, 식사기도 하실 때 '오늘 비 올 줄 믿는다'고 하셨잖아요. 그러니 우산을 가지고 가야죠." 하더랍니다. 이에 아버지는 "아차! 내가 어린아이의 믿음만도 못하구나!" 하고 회개했다는 이야기가 있습니다.

우리는 종종 말과 행동이 다른 신앙생활을 할 때가 많습니다. 우리는 말과 행실에 본을 보여야 합니다. 교회 안에서도 우리는 본이 되어야 합니다. 먼저 믿은 사람과 직분자들이 말과 행실에 본을 보여야 합니다. 어떤 교회는 예배시간을 10분 늦춰서 시작하는 교회가 있다고 합니다. 그 이유는 성도들 대부분이 예배시간 보다 늦게 도착해서 예배를 정시에 시작할 수 없기 때문이라고 합니다. 그런데 먼저 믿은 사람들이 늦게 온다고 합니다. 우리는 교회 안에서도 모든 성도들에게 본이 되고 교회 밖에서도 불신자들에게 본이 되어야 합니다. 우리 모두 하나님의 백성으로서 말과 행실에 본이 되어 진보하며 성장하기를 바랍니다.

2) 사랑과 믿음과 정절에 본이 되어야 합니다

'사랑', '믿음', '정절'은 그리스도인의 내면적인 성품들입니다. '사랑'은 말과 행위로 표현되고. '믿음'은 사랑에 근거를 둡니다. 우리는 사랑하는 일에도 진보하고 본이 되어야 합니다.

① 사랑의 본을 보여야 합니다. 많은 아프리카의 영혼을 구원한 한 선교사와 이미 예수 그리스도를 믿고 그리스도인이 된 아프리카인과의 대화입니다. "어떻게 해서 그리스도인이 되었습니까?" "리빙스턴 선교사님을 만났기 때문입니다." "그가 무슨 설교를 했는지 기억하십니까?" "그가 무슨 설교를 했는지는 잘 모르겠습니다만, 그가 우리를 사랑했던 것만은 분명히 기억할 수 있습니다." 그러자 정작 리빙스턴은 최초의 아프리카 선교사였지만 평생 한 명에게도 세례를 주지 못했습니다. 그때야 그 선교사는 자신의 사역의 풍성한 열매가 최초의 선교사들이 뿌린 사랑의 씨와, 그 씨가 잘 자라도록 선배 선교사들이 헌신적으로 물을 주고 돌보아 준 결실에 불과하다는

사실을 깨닫고 겸손해 졌다고 합니다(고전 3:5-9).

하나님의 사랑을 받은 만큼 이웃과 형제를 사랑하게 됩니다(눅 7:47). 가장 큰 사랑은 사랑하는 자를 위해 기도하는 것이며, 죄인이 진심으로 회개하고 주님께 돌아와 구원받도록 기도하는 것입니다. 하나님의 백성인 우리는 '사랑의 흔적'을 남겨야 합니다. 우리가 가는 곳마다 우리가 봉사하며 섬기는 곳마다 사랑의 자취를 남겨야 합니다. 우리 모두 사랑의 진보를 해야 합니다. 사랑의 본을 보여야 합니다.

② 믿음의 본을 보여야 합니다. 믿음(Faith)이 있는 사람은 믿을 만한 성실한 사람(Faithfulness)이라는 본을 보여야 합니다. 하나님의 백성은 어디에서 무엇을 하든지 믿음의 본을 보여야 합니다. 믿음의 본을 보여준 사람하면 요셉을 들 수 있습니다. 애굽의 경호실장 보디발에게 있어서 요셉은 이방인 고아 노예에 불과한 소년이었습니다. 인간적으로 그를 믿을 만한 요소가 하나도 없었습니다. 그러나 보디발은 여호와 하나님이 요셉과 함께 하심을 보았고, 요셉이 하는 범사에 형통함을 보았습니다. '형통하다'(Prosper)의 히브리어 짜라흐(צָלַח)는 '모든 일이 점과 흠이 없이 깨끗하게 잘 성공적으로 진행된다'는 뜻입니다. 보디발은 하나님을 경외하는 믿음의 사람 요셉을 신용하여 자기 아내 외에 자기 집안의 모든 것을 관리하도록 맡겼습니다. 그러나 보디발의 아내의 모함으로 요셉은 감옥에 들어갔습니다. 비록 죄수인 간수이지만 그는 믿음이 있는 요

셉에게 감옥의 모든 죄수를 관리하는 제반 사무를 맡겼습니다. 간수는 믿음이 있는 요셉에게 맡긴 것을 무엇이든지 조사 감독 확인할 필요가 없었습니다(창 39:19-23). 결국 애굽의 황제가 믿음의 사람 요셉을 총리로 세웠고, 요셉은 하나님이 주신 지혜로 애굽을 기근으로부터 구원함으로 믿음의 본을 보였습니다.

믿음이 있는 사람은 무엇이든지 믿고 맡길 수 있는 사람이 되어야 합니다. 대인관계와 사업에 있어서도 제일 중요한 것은 신용입니다. 이런 말이 있습니다. "돈을 잃어버리는 것은 조금 잃어버리는 것이요, 건강을 잃어버리는 것은 많이 잃어버리는 것이요, 신용을 잃어버리는 것은 모든 것을 잃어버리는 것이다." 돈과 건강은 잠시 잃어버려도 재기할 수 있지만 신용을 잃어버리면 재기불능입니다. 우리는 그리스도인, 성도라는 이름 하나만으로도 최고의 신용을 받는 신앙인이 되어야 합니다. 믿음의 본을 보여야 합니다.

③ 정절의 본을 보여야 합니다. '정절'의 헬라어 '하그네이아' (ἁγνεία)는 '순결한 양심을 지키다' 라는 뜻을 가진 헬라어 동사 '하그뉴오' (ἁγνεω)에서 유래된 말로, 생활에 있어서 죄가 없을 뿐만 아니라 도덕적으로도 철저한 순결을 의미합니다(딤전 5:2). 정절은 욕심과 사심과 교만이 없는 깨끗함과 완전함입니다. 헬라어 '하기오스' (ἅγιος)는 하나님의 성품을 나타낼 때에 사용되는 거룩함(Holy)을 뜻하는 단어입니다. 다윗은

아들 솔로몬에게 온전하게 하나님을 섬기라고 유언했습니다. "내 아들 솔로몬아 너는 네 아비의 하나님을 알고 온전한 마음과 기쁜 뜻으로 섬길지어다 여호와께서는 뭇 마음을 감찰하사 모든 사상을 아시나니 네가 저를 찾으면 만날 것이요 버리면 저가 너를 영원히 버리시리라"(대상 28:9), 우리 예수님도 산상설교에서 "하늘에 계신 너희 아버지의 온전하심과 같이 너희도 온전하라"고 말씀하셨습니다(마 5:48).

폴란드의 귀족 출신 캐서린은 스웨덴의 왕자 존과 결혼했습니다. 결혼한 지 얼마 되지 않아 권력다툼의 와중에서 존은 평생 감옥에 갇히게 되었습니다. 존의 형 에릭이 왕이 되어 캐서린을 회유했으나 '오직 죽음으로써만'이라고 새겨진 결혼반지를 보여줌으로 대답을 대신했다고 합니다. 그 후 남편과 함께 감옥생활을 하다가 에릭이 세상을 떠나자 존이 왕이 되어 행복한 여생을 보냈다고 합니다.

우리는 정절의 본을 보여야 합니다.

3. 진보하며 성장하기 위해서 힘써야 할 것

"내가 이를 때까지 읽는 것과 권하는 것과 가르치는 것에 착념하라"
(딤전 4:13)

사도 바울은 디모데에게 말씀 사역에 전념하라고 말합니다.

우리도 말씀을 가르쳐서 말씀이 생활을 지배하도록 해야 합니다. 진보하며 성장하기 위해 말씀 중심으로 살아야 합니다.

1) '읽는 것'은 성경을 읽는 것을 말합니다.

헬라어 성경과 개역 성경에서는 그냥 '읽는 것'이라고 했지만 NIV에서는 '성경'(Scripture)이라는 말을 덧붙였습니다. 초대 교회의 유대교 회당에서는 모든 공적 예배에서 성경을 공식적으로 낭독했습니다(눅 4:16; 행 3:15; 고후 3:14). 본 절에서는, 율법서와 선지서뿐만 아니라 사도들의 가르침과 바울이 교회들에게 보낸 편지를 공개적으로 읽는 것을 말합니다(골 4:16).

2) '권하는 것'은 교리와 도덕에 어긋남이 없게 하기 위하여 충고하고 권유하는 것을 의미합니다.

3) '가르치는 것'은 '그릇된 사상에 미혹되지 않고 확고한 믿음 위에 설 수 있도록 해석하고 권유하는 것'을 뜻합니다.

한 마디로 진보하며 성장하기 위해서는 말씀 사역에 전념해야 합니다. 읽는 것, 권하는 것, 가르치는 것에 착념하라는 말은 다 말씀 교육을 바로 하라는 말입니다. 말씀을 바로 배우고 실천할 때 믿음의 본을 보이며 참된 진보와 성장이 있습니다.

우리 인간의 비극은 다 말씀대로 하지 않은데서 초래했습니다. 에덴 동산에서도 '먹지 말라'는 말씀에 불순종하여 가까이 가서 계속 쳐다보고 만져보다가 따먹음으로 비극을 초래한 것입니다.

예수님께서 겉과 속이 다른 이율배반의 외식(가식)하는 자들, 독사의 자식들, 회칠한 무덤, 마귀의 자식들이라고 책망한 바리새인과 서기관들은 성경을 모르는 자들이 아닙니다. 오히려 그들은 성경을 배우고 가르치면서도 성경대로 살지 않는 자들이었습니다. 바리새인들은 구약성경을 연구하여 가르치는 자들이었고, 서기관들은 인쇄술이 없던 시대에 성경을 베껴 써서 보급하는 자들이었습니다. 그들은 듣고 배우고 말하는 것과 실제의 삶이 달랐던 것입니다. 말씀과 행동의 불일치입니다.

의인은 믿음으로 산다고 했습니다. 성도는 믿음과 삶이 일치되어야 합니다. 말씀을 믿고 말씀대로 순종해야 참으로 거듭난 하나님의 자녀입니다. 하나님은 말씀으로 천지를 창조하시고 계속해서 말씀으로 가르치고 축복하셨습니다. 부활 승천하신 주님도 사도 요한을 천국으로 부르셔서 '말씀을 읽고 듣고 지키는 자가 복이 있다'고 하셨습니다. 이미 하나님의 말씀을 읽고 듣고 지키기로 다짐하고 살아가는 우리는 복을 받을 만한 사람들입니다.

성경은 말씀합니다. "나의 법을 잊어버리지 말고 네 마음으로 나의 명령을 지키라 그리하면 그것이 너로 장수하여 많은 해를 누리게 하며 평강을 더하게 하리라"(잠 3:1-2), "복 있는 사람은 악인의 꾀를 좇지 아니하며 죄인의 길에 서지 아니하며 오만한 자의 자리에 앉지 아니하고 오직 여호와의 율법을 즐거워하여 그 율법을 주야로 묵상하는 자로다 저는 시냇가에 심은 나무가 시절을 좇아 과실을 맺으며 그 잎사귀가 마르지 아니함 같으니 그 행사가 다 형통하리로다"(시 1:1-3) 말씀대로 살면 하나님께서 축복하십니다. 하나님의 말씀에는 권위가 있습니다. 하나님의 말씀은 최고의 권위, 절대적인 권위를 가집니다. 교회에서 하나님의 말씀에 권위가 떨어지면 안됩니다. 하나님의 백성은 말씀의 권위 앞에 엎드려야 합니다. 아무리 내 생각이 있고 내 의견이 옳아도 하나님의 말씀 앞에서는 절대 순종하는 인격을 가르쳐야 합니다.

유대인들은 소수 민족이지만 세계를 움직이는 힘이 있습니다. 정치, 사회, 경제, 문화, 예술 등 전 분야에 걸쳐서 유대인들이 힘을 발휘하고 있습니다. 유대인이 강한 이유가 무엇입니까? 조그만 나라의 민족이 전 세계를 지배하는 이유가 무엇입니까? 그 이유는 오직 하나 그들은 하나님의 말씀 앞에서는 절대 복종하기 때문입니다. 물론 그들도 서로 불만과 다툼이 있지만 어떤 문제 앞에서 '이것은 하나님의 말씀'이라고 하면 절대 복종하기 때문입니다. 그들은 전 세계 어디에서 살더라도 하나님의 말씀을 가르칩니다. 아이들이 말을 하기 시작하면 먼저 하나님의 말씀을 가르칩니다. 바로 유명한 쉐마입니다. "이스라엘아 들으라 우리 하나님 여호와는 오직 하나인 여호와시니 너는 마음을 다하고 성품을 다하고 힘을 다하여 네 하나님 여호와를 사랑하라 오늘날 내가 네게 명하는 이 말씀을 너는 마음에 새기고 네 자녀에게 부지런히 가르치며 집에 앉았을 때에든지 길에 행할 때에든지 누웠을 때에든지 일어날 때에든지 이 말씀을 강론할 것이며 너는 또 그것을 네 손목에 매어 기호를 삼으며 네 미간에 붙여 표를 삼고 또 네 집 문설주와 바깥문에 기록할지니라"(신 6:4-9) 우리는 하나님의 말씀 앞에서 훈련해야 합니다. 우리의 자녀들을 말씀으로 가르쳐야 합니다. 시편 119편 9절에 "청년이 무엇으로 그 행실을 깨끗하게 하리이까 주의 말씀을 따라 삼갈 것이니이다"라고 했습니다.

우리가 본이 되고 모범이 되는 삶을 살기 위해서는 결국 성경 말씀을 읽고 권하고 가르치는 것에 집중(착념, 헌신)해야 합니다. 성경 말씀대로 살아야 합니다. 성경 말씀대로 살아갈 때에 가장 모범적인 인생을 살 수 있습니다.

아프리카 선교의 아버지라 불리는 리빙스턴은 "깨끗한 성경을 가진 사람은 결코 깨끗한 인생을 살 수 없고, 더러운 성경을 가진 사람은 결코 더러운 인생을 살 수 없다."고 했습니다. 하나님의 말씀을 사랑함으로 성경이 헤어지고 더러워질 정도로 많이 읽고 묵상하고 실천할 때에 거룩하고 복된 인생을 살게 된다는 고백입니다. 하나님의 말씀을 다 지켜 행하고 좌로나 우로나 치우치지 않으면 어디로 가든지 형통하고, 하나님의 말씀을 입에서 떠나지 말게 하며 주야로 그것을 묵상하여 그 가운데 기록한 대로 다 지켜 행하면 평탄하고 형통한 삶을 살게 됩니다(수 1:1-9). 성경 말씀만이 우리를 책망하고 교훈하고 바르게 하여 온전한 하나님의 사람으로 만듭니다(딤후 3:16-17).

청교도 성경 학자인 메튜 헨리는 평생 동안 하나님의 말씀을 연구했습니다. 그는 매일 성경을 읽고, 연구하며, 기도하며, 묵상하다가 발견한 놀라운 진리들을 그의 주석에 기록했습니다. 마침내 임종이 다가왔을 때 그는 그의 친구 일라그쎄에게 유언을 남겼습니다. "하나님을 섬기며 그와 교제했던 삶이야말로 이 땅에서 살았던 사람에게 가장 편안하고 기쁜 삶이었다네." 메튜 헨리는 하나님의 말씀을 중심으로 한 삶을 삶으로써 놀라운 성취감과 만족감을 누렸습니다.

반면 볼테르는 18세기의 프랑스의 합리주의 학자였습니다. 그는 생전에 교회를 비평하는 많은 소책자를 썼습니다. 다른 종교들처럼 기독교는 100년이 지나면 더 이상 존재하지 않는 과거의 종교가 될 것이며, 성경 역시 단순한 동화가 될 것이라고 주장했습니다. 볼테르의 임종이 다가오자 그의 상태는 매우 악화되어서 그의 비그리스도인 친구들조차 그에게 가까이 가는 것을 꺼려했습니다. 마침내 볼테르는 그의 얼굴을 벽으로 향하고 울부짖었습니다. "나는 하나님과 사람에게서 버림받은 채 죽는 것이 틀림없다." 그의 임종을 지켜보던 간호사는 이렇게 말했습니다. "유럽의 모든 부를 다 준다고 해도 결코 임종시의 무신론자의 침대 곁에는 가고 싶지 않다. 너무나 무시무시한 경험이었다."

메튜 헨리와 볼테르의 경험은 얼마나 판이하게 다릅니까? 한 사람은 기쁨과 만족으로 가득하고, 다른 한 사람은 괴로움과 절망으로 가득했습니다. 무엇이 이러한 차이를 가져왔습니까? 한 사람은 하나님의 말씀을 사랑했고, 다른 한 사람은 하나님의 말씀을 멸시했습니다. 성경은 말씀합니다. "하나님의 말씀은 살았고 운동력이 있어 좌우에 날선 어떤 검보다도 예리하여 혼과 영과 및 관절과 골수를 찔러 쪼개기까지 하며 또 마음의 생각과 뜻을 감찰하나니"(히 4:12)

우리는 말씀대로 살아감으로써 모범을 보여야 합니다.

링컨(Abraham Lincoln) 대통령은 모든 정치인의 본이 되고 있습니다. 세계 최대의 기업인 GE(General Electric)의 웰치(Jack Waltch) 회장은 가장 성공적인 모델의 최고 경영자(전문 경영인, CEO: Chief Executive Officer)로 평가됩니다. 한국의 고 유일한 장로님이 창업한 우리나라의 제약회사인 유한양행은 비록 규모가 작은 회사이지만 투명성과 공익성 등 모든 면에서 가장 모범적인 기업의 모델로 연구 대상이 됩니다. 방탕한 아들 어거스틴을 예수님 이후 가장 위대한 성자로 변화시킨 모니카는 '기도하는 어머니'의 모델이 됩니다. 생후 19개월만에 질병으로 인하여 장님, 귀머거리, 벙어리의 삼중고(三

重苦)를 신앙으로 극복한 헬렌 켈러(Hellen Keller)는 고난을 이기는 승리자의 표상입니다. 또한 헬렌 켈러를 6세 때부터 50년 간 가르친 설리반(Anne Sulivan Macy)은 사랑과 인내의 교사로서 모범이 됩니다.

이렇듯 세상에서 받을 수 있는 최고의 축복은 많은 사람에게 좋은 '본'(모범)이 되는 삶을 사는 것입니다. 그러나 우리의 영원한 최고의 모델은 예수 그리스도이십니다. 우리 모든 인생이 반드시 바라보고 추구해야 할 삶의 최고의 모델은 예수 그리스도이십니다. "믿음의 주요 또 온전케 하시는 이인 예수를 바라보자 저는 그 앞에 있는 즐거움을 위하여 십자가를 참으사 부끄러움을 개의치 아니하시더니 하나님 보좌 우편에 앉으셨느니라"(히 12:2) 예수님은 우리를 위하여 인간의 몸을 입고 이 땅에 오셨습니다. 그리고 십자가를 지시고 우리의 죄를 다 용서해 주시고 구원을 이루셨습니다.

그러므로 신앙생활이란 한 마디로 예수 그리스도를 본 받는 생활입니다(빌 2:5). 그리스도인은 예수 그리스도를 구세주로 믿음으로 거듭나 예수 그리스도를 본 받아 사는 사람들입니다(행 11:26). 우리는 예수 그리스도를 본 받아야 합니다. 그래야 믿는 자의 본이 될 수 있습니다. 사도 바울은 예수 그리스도를 본 받는 삶을 살았기 때문에 고린도 교회의 성도들에게 자신을 '본 받으라'고 담대히 선포할 수 있었습니다. "내가 그리스도를 본 받는 자 된 것같이 너희는 나를 본 받는 자 되라"(고전

11:1) 하나님의 백성인 그리스도인들은 우리의 자녀들은 물론 이웃에게도 '자신을 본 받으라'고 담대하게 선포할 수 있어야 합니다. 오늘 본문 말씀에서도 사도 바울은 믿음의 아들인 디모데에게 '모든 믿는 자에게 본(本)이 되라'고 말합니다. 우리는 세상의 빛과 소금이 되어 믿는 자의 본이 되어야 합니다. 세상에 영적인 영향력을 미치는 그리스도인, 세상의 부패를 막고 맛을 내는 세상의 소금과 세상의 빛이 되어야 합니다. 그리스도를 닮은 언행심사, 즉 빛과 소금의 역할을 감당하는 그리스도인의 착한 행실(엡 5:8-11)을 통해 많은 사람들을 그리스도에게로 인도하고, 세상을 변화시키며 구원하는 사명을 감당해야 합니다(마 5:13-16).

우리는 진보하며 성장해야 합니다. 그러기 위해서 우리는 믿는 자의 본이 되어야 합니다. 그러기 위해 연소함을 업신여기지 못하게 해야 합니다. 말과 행실에 본이 되어야 합니다. 사랑과 믿음과 정절에 본이 되어야 합니다. 진보하며 성장하기 위해 읽는 것과 권하는 것과 가르치는 것에 착념해야 합니다. 진보하며 성장하기 위해 말씀 중심으로 살아야 합니다.

예수님이 우리의 모델이듯이 예수님을 믿고 닮아 가는 우리도 믿는 자의 본이 되어야 합니다. 존경받고 인정받는 신앙인이 되어야 합니다. 가장 존경하고 본받고 싶은 성도가 되어야겠습니다. 그러기 위해 진보하며 성장하는 성도가 되도록 노력하고 이루어 가시기를 기원합니다. 아멘.

진보하며 성장합시다

▶▶ 디모데전서 4:12-16

> ¹²누구든지 네 연소함을 업신여기지 못하게 하고 오직 말과 행실과 사랑과 믿음과 정절에 있어서 믿는 자에게 본이 되어 ¹³내가 이를 때까지 읽는 것과 권하는 것과 가르치는 것에 전념하라 ¹⁴네 속에 있는 은사 곧 장로의 회에서 안수 받을 때에 예언을 통하여 받은 것을 가볍게 여기지 말며 ¹⁵이 모든 일에 전심 전력하여 너의 성숙함을 모든 사람에게 나타나게 하라 ¹⁶네가 네 자신과 가르침을 살펴 이 일을 계속하라 이것을 행함으로 네 자신과 네게 듣는 자를 구원하리라

 새로운 해를 맞이했습니다. 우리에게 새로운 해를 맞이하게 하신 하나님께 감사 드립니다. 우리 모두 희망을 가지고 출발합시다.

 시작은 희망의 또 다른 이름입니다. 미국의 부통령을 지낸 험프리는 인생의 말년에 암과 투병했습니다. 그는 항상 새출발을 한다는 정신으로 인생을 살았습니다. 암과의 투병 중에서도 웃음과 농담을 잃지 않았습니다. 험프리는 '리더스 다이제스트'에 이런 글을 기고했습니다. "사람들의 가장 큰 약점은 쉽게 포기한다는 것이다. 역경은 새로운 출발을 위한 자극일 뿐이다. 역경은 '약간 시간이 걸려야 해결되는 문제'일 뿐이다. 사람들은 예배 때 축도만을 기다린다. 예배가 시작될 때 가

슴 설레임을 모르는 사람들은 불행하다. 나는 아직 한번도 고별연설을 한 적이 없다."

새 출발은 항상 장엄합니다. 새가 가장 아름다울 때는 창공을 날 때도 아니며 아름다운 노래를 부를 때도 아닙니다. 새가 창공을 날기 위해 깃을 활짝 펼 때가 가장 아름답습니다. 돛단배가 먼 바다에 출항하기 위해 돛을 활짝 펴는 모습이 얼마나 아름답습니까? 사람도 마찬가지입니다. 새 출발의 발걸음을 힘차게 내딛는 사람들의 모습은 아름답습니다. 희망의 새해를 맞이했습니다. 이제 우리는 새해를 맞아 진보와 성장을 이루어야 합니다.

오늘 사도 바울은 믿음의 후계자요 영적 아들인 디모데에게 '너의 진보를 모든 사람에게 나타나게 하라' 고 했습니다. 여기에 나오는 '진보' 에 해당하는 헬라어 '프로코페' (προκοπή)는 '똑바로 나아가다', '발전하다' 를 뜻하는 '프로코프토' (προκοπτω)에서 나온 단어입니다. 우리는 진보하며 성장해야 합니다.

1. 신앙적인 진보를 합시다

예배생활에 진보합시다. 신앙심이 깊은 어떤 흑인이 주일에 교회에 가려고 일어섰습니다. 그러자 주위의 사람들이 만류했습니다. 이 흑인은 류머티즘으로 고생하고 있었기 때문에 날씨도 춥고 비도 오니 쉬라는 것이었습니다. 흑인은 친구들의 만류를 뿌리치며 말했습니다. "나는 반드시 교회에 가야 한다네. 하나님의 은총이 오늘 예배드리는 시간에 내려올 지 어떻게 아나? 나는 그 은총을 놓칠 수가 없다네." 하나님께서 인간에게 복을 주시기 위해서 특별히 구별한 거룩한 날이 바로 주일입니다.

기도생활에 진보합시다. 기도에 약점을 가진 성도들이 많습니다. 기도는 해야 하는데 잘 하지 못합니다. 이제 이것을 극복합시다. 새벽기도, 개인 기도, 그리고 24시간 릴레이 기도에 참여합시다.

말씀 공부에 진보합시다. 구역 성경공부와 제자반 성경공부에 참여하여 진보하는 성도가 됩시다.

봉사생활에 진보합시다. 이제는 구경꾼이 아니라 일꾼이 되어야 합니다. 교회 안에서 우리가 할 일을 찾아 봉사하며 섬기는 일에 참여해야 합니다.

전도생활에 진보합시다. 지금까지 한 영혼도 주님 앞으로 인도하지 못한 사람도 올해는 한 영혼 이상을 주님 앞으로 인도합시다. 그러기 위해 전도의 목표를 세우고 이를 위해 기도하며 투자해야 합니다.

헌금생활에도 진보합시다. 주의 나라를 위해 십일조를 비롯한 모든 헌금을 더 많이 드릴 수 있는 믿음과 축복을 가집시다.

우리 교회에서 십일조를 비롯한 모든 헌금을 제일 많이 하고자 하는 거룩한 열정을 가지고 진보합시다.

구제생활에도 진보합시다. 올해는 더 많이 베풀고 더 많이 나누어주는 축복을 받읍시다. 우리 모두 구제를 생활화하는 축복된 삶을 삽시다.

2. 우리의 생활도 진보를 합시다

건강도 진보해야 합니다. 건강관리를 잘 해야 합니다. 건강해야 주의 일을 할 수 있습니다. 건강의 최고 비결은 하나님의 은혜를 입는 것입니다. 그리고 규칙적인 생활과 절제입니다. 경건한 가운데 절제하는 생활은 건강에 도움이 됩니다. 건강을 위해 적절한 운동과 음식을 조절하면서 기도해야 합니다. 직장생활도 진보해야 합니다. 직장생활에도 발전과 성장이 있어야 합니다.

사업도 진보해야 합니다. 우리 성도들의 모든 사업터가 발전되고 성장하고 진보되기를 바랍니다. 학업도 진보해야 합니다. 학생들도 성적이 진보하고, 교수들도 연구실적이 진보되고, 우리 성도들도 많은 지식을 얻어 지적으로 진보하고 성장하기를 바랍니다.

가정생활도 진보해야 합니다. 우리의 가정에도 부부가 더욱 더 사랑하고, 자녀들은 부모에게 효도하고 부모들은 자녀들을 사랑하고, 가정이 주안에서 화목하며 진보하고 성장해야 합니다.

3. 우리 교회도 진보하며 성장합시다

주님을 사랑하는 교회로 진보하고 성장해야 합니다. 많은 영혼을 구원하는 교회로 성장해야 합니다. 구원받는 영혼들이 끊임없이 나오기를 기원합니다.

24시간 릴레이 기도회가 활성화해야 합니다. 교회를 찾아와 기도하는 행렬이 매일같이 24시간 내내 이어져 기도가 충만한 교회가 되기를 바랍니다.

교회가 계속 확장되어 더 좋은 환경에서 교육하고 예배드리고 봉사하는 교회로 성장하기를 기원합니다.

우리 교회의 선교 무대가 더욱 더 확장되고 진보하길 기원합니다.

많은 믿음의 인재들이 양성되고 성장하기를 기원합니다.

가난하고 어려운 사람들을 돕고 위로하는 일에 진보하며 성장하는 교회가 되기를 기원합니다.

4. 최선을 다해야 합니다

사도 바울은 진보를 위해 최선을 다하라고 합니다. '모든 일'이란 디모데가 목회자로서 수행해 나가야 할 일을 가리킵니다. '전심'의 헬라어 '멜레타'(μελετα)는 문자적으로는 '관심을 갖다'라는 의미지만 여기서는 '실시하다', '경작하다'의 뜻으로 사용되었습니다.

처음부터 열심을 내어 최선을 다해야 합니다.

영국 옥스퍼드 대학에서 아프리카 청년에게 장학금을 주며 공부하러 오라고 했습니다. 그랬더니 그 청년이 부모님이 돌아가시면 장례를 치른 후에 가겠다는 답장을 보내어 왔다고 합니다. 그러면 부모님의 연세가 어떻게 되느냐고 물었더니, 이제 40세라고 하여 장학금이 취소되었습니다. 우리에게 중요한 것이 많지만 그 중에 먼저 할 일이 있고 나중에 할 일이 있습니다. 그리고 꼭 해야할 일이 있는가 하면 하지 않아도 될 일이 있고, 중요한 일이 있는가 하면 그다지 중요하지 않은 일도 있습니다. 그러면 우리가 꼭 해야할 일과 중요한 일이 무엇입니까? 예수를 바로 믿고 신앙생활을 잘 하는 것입니다.

지미 카터(J. Carter) 씨가 대통령으로 당선되는 데에 크게 영향을 주었던 책이 있습니다. 그것은 「왜 최선을 다하지 않는가」(Why not the best)라는 책으로 카터 자신에 관한 내용입니다. 카터 씨가 해군 장교로 있을 때 해군 제독이던 하이만 리카

버 씨에게 부임 인사를 하던 중, 제독이 사관학교 재학시절에 공부를 얼마나 잘했느냐고 물었다고 합니다. 그 때 카터 씨는 820명 중에 59등을 했다고 자랑스럽게 대답했더니 "귀관은 왜 최선을 다하지 않았는가?"라고 칭찬대신 되물었다고 합니다. 그러면서 카터 씨는 본인은 그의 칭찬을 들어본 적은 없으나 '부모를 제외하고는 내 인생에 가장 큰 감화를 주었던 분'이라고 말했습니다. 하이민 리카버 제독의 말은 '왜 최선을 다하지 않았느냐'는 칭찬대신 책망에 가까웠지만, 그 말 때문에 변화된 최선을 다하는 습관이 아닌 땅콩 밭에서 대통령까지 되게 한 것입니다.

미국 스탠퍼드대학에 다니는 한 학생이 아르바이트 자리를 찾아다녔습니다. 며칠을 이른 새벽부터 찾아다녔지만 쉽지 않았습니다. 거의 포기상태에 이르렀을 때 한 회사의 아르바이트생 모집 공고를 발견했습니다. 반가움에 회사의 채용 담당자에게 찾아가 정말로 열심히 일을 하겠다고 말했습니다. 그러자 그 채용 담당자는 타이프를 칠 줄 안다면 지금부터 당장 일을 시작하라고 했습니다. 그러나 그 청년은 4일간의 여유를 달라고 부탁했습니다. 4일 후에 그 청년이 출근했을 때 채용 담당자는 그동안 무엇을 했느냐고 물었습니다. 그때 그 청년은 이렇게 대답했습니다. "두 가지 일을 했습니다. 한가지는 타자기를 빌린 일이고, 또 한 가지는 밤을 새우며 타자 연습을 했습니다."

이 이야기는 미국의 31대 대통령 후버의 이야기입니다. 기회란 모든 것이 준비된 자들만을 찾아가지는 않습니다. 오히려 기회를 찾아다니는 자들에게 발견되며, 찾아온 기회를 놓치지 않기 위해 최선을 다하는 자들에게 주어집니다.

새해에는 반드시 우리 모두 진보하며 성장하는 역사를 이룹시다. 우리 모두 최선을 다하여 신앙적인 진보를 합시다. 우리의 생활도 진보합시다. 우리 교회도 진보하며 성장합시다. 그리고 우리는 이 일에 최선을 다해야 합니다. 아멘.

뜻을 정합시다

>> 다니엘 1:8-21

⁸다니엘은 뜻을 정하여 왕의 음식과 그가 마시는 포도주로 자기를 더럽히지 아니하리라 하고 자기를 더럽히지 아니하도록 환관장에게 구하니 ⁹하나님이 다니엘로 하여금 환관장에게 은혜와 긍휼을 얻게 하신지라 ¹⁰환관장이 다니엘에게 이르되 내가 내 주 왕을 두려워하노라 그가 너희 먹을 것과 너희 마실 것을 지정하셨거늘 너희의 얼굴이 초췌하여 같은 또래의 소년들만 못한 것을 그가 보게 할 것이 무엇이냐 그렇게 되면 너희 때문에 내 머리가 왕 앞에서 위태롭게 되리라 하니라 ¹¹환관장이 다니엘과 하나냐와 미사엘과 아사랴를 감독하게 한 자에게 다니엘이 말하되 ¹²청하오니 당신의 종들을 열흘 동안 시험하여 채식을 주어 먹게 하고 물을 주어 마시게 한 후에 ¹³당신 앞에서 우리의 얼굴과 왕의 음식을 먹는 소년들의 얼굴을 비교하여 보아서 당신이 보는 대로 종들에게 행하소서 하매 ¹⁴그가 그들의 말을 따라 열흘 동안 시험하더니 ¹⁵열흘 후에 그들의 얼굴이 더욱 아름답고 살이 더욱 윤택하여 왕의 음식을 먹는 다른 소년들보다 더 좋아 보인지라 ¹⁶그리하여 감독하는 자가 그들에게 지정된 음식과 마실 포도주를 제하고 채식을 주니라 ¹⁷하나님이 이 네 소년에게 학문을 주시고 모든 서적을 깨닫게 하시고 지혜를 주셨으니 다니엘은 또 모든 환상과 꿈을 깨달아 알더라 ¹⁸왕이 말한 대로 그들을 불러들일 기한이 찼으므로 환관장이 그들을 느부갓네살 앞으로 데리고 가니 ¹⁹왕이 그들과 말하여 보매 무리 중에 다니엘과 하나냐와 미사엘과 아사랴와 같은 자가 없으므로 그들을 왕 앞에 서게 하고 ²⁰왕이 그들에게 모든 일을 묻는 중에 그 지혜와 총명이 온 나라 박수와 술객보다 십 배나 나은 줄을 아니라 ²¹다니엘은 고레스 왕 원년까지 있으니라

새해가 밝았습니다. 올해에는 하나님의 크신 은혜와 사랑과 축복이 충만하시길 기원합니다. 우리 모두 새로운 마음과 각오로 출발합시다.

첫 시간, 첫 날, 첫 달, 첫 해 등 첫 번째는 중요한 의미를 갖습니다. 단추도 첫 단추를 잘 맞춰 잠궈야 합니다. 시작이 반이란 말도 있습니다. 우리 모두 금년 한해, 성공적인 신앙생활을 위해 한 가지 뜻을 정하고 목표를 세워야 합니다. 목표가 없으면 성공도 실패도 없으며 일의 보람도 없는 법입니다.

오늘 본문에 나오는 믿음의 사람 다니엘은 뜻을 정했습니다. 이것이 그의 신앙생활, 그의 인생을 성공케 했습니다. 다니엘은 포로로 끌려와 바벨론 궁전에서 연수를 받는 도중에 뜻을 정했습니다. 그가 정말 어려운 환경에서 뜻을 정한 것은 대단한 용기와 믿음이 있는 결단이었습니다. 이렇게 뜻을 정한 것은 생명과도 관계되는 엄청난 모험이었습니다. 그러나 그는 뜻을 정하고 시작했습니다. 그리고 마침내 승리했습니다. 그러면 다니엘이 정한 뜻은 무엇입니까?

1. 자기를 더럽히지 않기로 뜻을 정했습니다

"다니엘은 뜻을 정하여 왕의 진미와 그의 마시는 포도주로 자기를 더럽히지 아니하리라 하고 자기를 더럽히지 않게 하기를 환관장에게 구하니"(단 1:8)

다니엘의 결단은 신앙의 결단입니다. 하나님만 섬기겠다는 결단입니다. 하나님 외에는 그 어떤 신이나 우상 앞에 절하지 않고 자신의 신앙순결을 지키겠다는 결단입니다. 다니엘은 왕의 진미와 포도주, 즉 우상에게 바치고 물려낸 음식을 먹지 않겠다는 것입니다. 그것은 자신을 더럽히는 것이기 때문입니다. 어릴 때부터 그는 하나님을 섬기는 교육을 철저히 배웠습니다.

제1계명에 말씀합니다. "하나님이 이 모든 말씀으로 일러 가라사대 나는 너를 애굽 땅 종 되었던 집에서 인도하여 낸 너의 하나님 여호와로라 너는 나 외에는 다른 신들을 네게 있게 말지니라 너를 위하여 새긴 우상을 만들지 말고 또 위로 하늘에 있는 것이나 아래로 땅에 있는 것이나 땅 아래 물 속에 있는 것의 아무 형상이든지 만들지 말며 그것들에게 절하지 말며 그것들을 섬기지 말라 나 여호와 너의 하나님은 질투하는 하나님인즉 나를 미워하는 자의 죄를 갚되 아비로부터 아들에게로 삼 사대까지 이르게 하거니와 나를 사랑하고 내 계명을 지키는 자에게는 천대까지 은혜를 베푸느니라"(출 20:1-6)

이것은 성도의 자존심입니다. 이 말은 긍정적으로 말하면 자기를 사랑하기로 뜻을 정했다는 말입니다. 이 말의 의미는 이기적이거나 정욕적이거나 세속적인 자기가 아닌 하나님을 믿는 신앙인으로서의 자기를 말하는 것입니다.

거듭난 성도는 하나님의 자녀로서의 자신을 사랑함으로 자기를 깨끗하게 보존해야 합니다. 죄로부터 자신을 지켜야 합니다. 그러므로 우상의 제물을 거부하고, 하나님의 방법대로 제조되지 아니한 음식이 아무리 좋고 기름져도 우리는 거부해야 마땅합니다.

우리는 하나님의 자녀요 거룩한 백성입니다. 예수님의 십자가의 피로 죄를 용서받고 성결케 된 사람들입니다. 그러므로 우리는 자신의 몸을 죄로 더럽혀서는 안됩니다. 우리 자신의 믿음을 깨끗하게 보존하기 위하여 세상 사람들이 즐기고 좋아하는 어떤 것도 거절할 수 있어야 합니다. 때로는 '아니요' 할 수 있는 용기가 필요합니다.

우리는 거룩한 하나님의 성전입니다. 성경은 말씀합니다. "너희가 하나님의 성전인 것과 하나님의 성령이 너희 안에 거하시는 것을 알지 못하느뇨"(고전 3:16)

우리는 거룩한 하나님의 백성들입니다. 신앙의 프라이드가 있어야 합니다. 아무 곳에서나 무릎 꿇고 절하면 안됩니다. 죄와 쉽게 타협해서도 안됩니다. 죄로부터 우리 자신을 지켜야 합니다. 우리의 인격과 우리의 신앙과 천국시민으로서의 신분을 지켜야 합니다.

다니엘은 하나님 외에 다른 어떤 신에게도 기도하거나 섬기지 않았습니다. 왕 이외에 다른 어떤 신이든 섬기면 사자굴 속에 집어던진다는 것을 알면서도 그는 늘 하던 그대로 예루살렘 성을 향하여 하루 세 번씩 창문을 활짝 열고 하나님께 기도

했습니다. 왜냐하면 그는 하나님 앞에 매일 세 번씩 기도하기로 뜻을 정했기 때문입니다. 하나님 외에 어떤 우상도 섬기지 않겠다고 뜻을 정했기 때문입니다. 그 대가는 사자굴 속에 들어가는 것이었습니다. 그러나 하나님을 향하여 거룩한 삶을 살기로 뜻을 정한 그에게 주신 하나님의 대가는 놀라웠습니다. 사자굴 속에서 기적적으로 다시 살려주시고 그를 수석 총리의 자리에까지 앉게 하셨습니다.

다니엘의 세 친구인 사드락과 메삭과 아벳느고도 뜻을 정했습니다. 그들 역시 느부갓네살 왕이 만든 우상 앞에 절하지 않았습니다. 풀뭇불 속에 던진다는 것을 알면서도 당당하게 서 있었습니다. 그들은 우상 앞에 절함으로 자신의 몸을 더럽히지 않겠다고 뜻을 정했기 때문입니다. 그 대가는 칠 배나 뜨거운 풀뭇불 속에 들어가는 것이었습니다. 그러나 하나님의 대가는 하나님께서 그 불속으로 내려오시어 그들을 기적적으로 다시 살리시는 것이었습니다. 그리고 콧대 높은 느부갓네살 왕을 완전히 굴복시키고 하나님의 이름을 높이 드러내는 것이었습니다.

믿음의 사람 요셉 역시 뜻을 정했습니다. 형제들 앞에서 거짓말하지 않았습니다. 그리고 보디발의 아내의 유혹을 당당하게 물리치고 하나님 앞에서 자신의 순결을 지켰습니다. 그 대가는 감옥이었습니다. 그러나 하나님의 대가는 그를 애굽의 총리 자리에 올리시는 것이었습니다.

우리도 뜻을 정합시다. 하나님의 영광과 하나님의 백성으로서 우리 자신의 자존심을 지키기 위해서 뜻을 정합시다. 우리 자신을 더럽히지 않도록 뜻을 정합시다. 하나님 한 분만을 높이도록 뜻을 정합시다.

2. 뜻을 정하고 행동에 옮겼습니다

> "청하오니 당신의 종들을 열흘 동안 시험하여 채식을 주어 먹게 하고 물을 주어 마시게 한 후에 당신 앞에서 우리의 얼굴과 왕의 진미를 먹는 소년들의 얼굴을 비교하여 보아서 보이는 대로 종들에게 처분하소서 하매"(단 1:12-13)

다니엘은 뜻을 정하고 행동에 옮겼습니다. 그는 자신이 있었습니다. 하나님의 능력을 믿었습니다. 하나님을 위하여 거룩하게 신앙으로 살 때에 하나님께서 반드시 승리하게 하실 것을 믿었습니다. 그래서 목숨을 걸고 내기를 한 것입니다. 우상의 음식을 먹는 소년들과 하나님을 위하여 채식을 하는 자신과 시합을 한 것입니다. 그는 뜻을 정하고 실천에 옮긴 신앙인이었습니다.

우리는 대부분 결심까지는 잘 합니다. 그러나 항상 실천에 약합니다. 젊은 다니엘도 우리와 똑같이 좋은 음식을 먹고 싶은 생각이 왜 없었겠습니까? 그러나 그는 채식을 먹겠다고 뜻을 정했습니다. 그 진정한 이유는 다니엘이 하나님을 사랑했기 때문입니다. 다니엘은 그 어떤 것보다 하나님을 사랑했기 때문에 왕의 진수성찬을 거절할 수 있었습니다. 이 거절은 단순한 거절 정도가 아니라 큰 시련이나 고난을 자초할 수도 있는 거절이었습니다.

하나님을 사랑한다는 것이 무엇입니까? 그것은 요한일서 5장 3절에서 말씀합니다. "하나님을 사랑하는 것은 이것이니 우리가 그의 계명들을 지키는 것이라" 다니엘이 하나님을 사랑하기로 뜻을 정했다는 것은 하나님의 계명을 지키기로 뜻을 정했다는 말씀입니다. 그의 판단은 왕의 음식은 바벨론 나라의 신에게 제사한 것으로 알았기 때문에 그 음식을 먹으면 자기를 더럽힐 뿐만 아니라 하나님의 계명을 어기는 것으로 믿었습니다.

하나님을 사랑하여 그의 계명을 지키려고 할 때에는 반드시 희생이 따르는 법입니다. 때로는 배고프고 때로는 자존심 상하는 일도 많으나, 그보다 하나님께 더 큰 관심이 있기 때문에 모든 것을 극복할 수 있는 것입니다. 우리가 주님을 사랑하여 그 계명을 지키려면 때로는 희생도 맛보아야 하고 손해도 볼 수 있어야 합니다. 우리가 주일을 거룩하게 지키려 할 때 직장이나 사업에서 손해를 볼 수 있습니다. 그리고 십일조를 드리는 것도 아까운 생각이 들 수 있습니다. 그러나 우리는 아까워하거나 주저할 필요가 없습니다. 왜냐하면 하나님은 그를 사랑하여 그의 계명을 지키는 자들에게 반드시 보상하시고 더 좋고 더 많은 것으로 축복해 주시는 신실하신 주님이시기 때문입니다.

우리도 새해를 맞이하여 뜻을 정합시다. 그동안 주저하면서 뜻을 정하지 못하고 실천하지 못한 것을 이제 실행합시다. 뜻을 정하고 이제는 죄를 지을 수 있는 곳에는 가지 맙시다. 죄의 유혹을 받는 곳에 가까이 가지 맙시다. 해로운 것은 과감히 끊어 버립시다. 하나님께서 우리에게 뜻을 정하고 거룩하게 살 수 있는 기회를 주실 때 이 기회를 놓치면 안됩니다.

믿음의 조상 아브라함은 75세에 인생의 전환기를 맞았습니다. 75세의 나이라면 활동을 끝내고 조용히 인생을 마무리할 때입니다. 하나님은 그런 아브라함을 부르시어 '새로운 출발'을 명하셨습니다. 죄악의 땅 갈대아 우르에 살던 그는 하나님의 명령을 좇아 본토 친척 아비의 집을 떠날 것인지 아닌지 결단을 내려야 했습니다.

아브라함은 지금까지 섬겨오던 우상을 다 버리고 종교를 바꾸어야 합니다. 정든 고향을 떠나 직업도 바꾸고 생활 방식도 다 바꾸어야 합니다. 그러나 아브라함은 하나님의 말씀을 듣고 새로운 눈으로 인생을 바라보기 시작했습니다. 하나님께서는 아브라함에게 새로운 꿈을 심어 주셨습니다. 하나님의 말씀은 시든 풀이 생명을 공급받고 일어서듯 75세의 아브라함을 생동감 넘치게 했습니다. 아브라함은 하나님의 관점으로 사물을 보고 모험할 것인가, 인간의 관점으로 사물을 보고 안주할 것인가를 생각하다가 결단했습니다. 운명과 환경을 하나님의 눈으로 보기로 결심했습니다. 이것이 아브라함의 믿음의 출발입니다.

믿음이란 무엇입니까? 믿음이란 인간의 시각을 버리고 하나님의 시각을 갖는 것입니다. 하나님의 관점에서 사물을 바라보고 출발할 때 믿음이 생기는 것입니다. 그는 믿음의 조상이 되었습니다. 축복의 대명사가 되었습니다. 그것은 그가 뜻을 정하고 하나님을 의지하고 따랐기 때문입니다.

어느 성도는 준비도 되지 않은 상태에서 장로 피택을 받았습니다. 이 사람은 숨어서 담배도 피우고, 술도 한 잔씩 마시던 습관이 있었습니다. 수없이 고민하며 괴로워했습니다. 목사님께 상담하자, '이것은 하나님께서 주신 결단의 기회이니 회개하고 깨끗이 정리하라' 고 하셨습니다. 목사님의 말씀에 순종하여 깨끗이 정리하고 더 겸손히 하나님을 섬겼습니다. 이후부터 모든 성도들이 존경하는 훌륭한 일꾼이 되었습니다.

우리는 결단을 해야 합니다. 성장할 수 있는 좋은 기회입니다. 예배생활을 철저히 하기로 뜻을 정하고 실천합시다. 기도생활, 새벽기도, 주일성수, 성경읽기, 성경공부, 온전한 십일조, 전도생활을 철저히 하기로 뜻을 정하고 실천합시다.

올 한해에 우리 자신의 신앙능력을 테스트 해 봅시다. 지난해에 큰 용기를 가지고 자신을 한번 테스트해 보고자 제자반 성경공부에 도전한 성도가 있는데 그 성도는 마침내 수료를 했습니다.

우리의 신앙을 테스트하기 위해 도전해 봅시다. 주일성수, 새벽기도, 제자반, 온전한 십일조, 전도에 도전해 봅시다. 믿음의 성장과 하나님의 위로가 풍성히 임할 것입니다.

3. 뜻을 정한 성도는 하나님의 사랑을 받습니다

> "다니엘은 뜻을 정하여 왕의 진미와 그의 마시는 포도주로 자기를 더럽히지 아니하리라 하고 자기를 더럽히지 않게 하기를 환관장에게 구하니"(단 1:8)

총책임을 맡은 자가 다니엘을 사랑했습니다. 왕의 진미를 거부한다는 것은 왕의 권위에 도전하는 것은 물론 총책임자인 환관장에게 도전하는 것입니다. 그럼에도 불구하고 그는 다니엘을 사랑했습니다. 이것은 하나님의 사랑이었습니다. 하나님께서 그를 감동시키신 것입니다. 다니엘을 사랑하신 주님은 그때부터 다니엘을 보호해 주셨습니다. 하나님은 뜻을 정한 성도에게 사랑의 손길을 벌써 내미셨습니다.

"그가 그들의 말을 좇아 열흘을 시험하더니 열흘 후에 그들의 얼굴이 더욱 아름답고 살이 더욱 윤택하여 왕의 진미를 먹는 모든 소년보다 나아 보인지라 이러므로 감독하는 자가 그들에게 분정된 진미와 마실 포도주를 제하고 채식을 주니라"(단 1:14-16) 결국 다니엘의 완승이었습니다. 하나님의 승리였습니다. 하나님을 위하여 자신을 더럽히지 않겠다고 뜻을 정한 자에게 주시는 하나님의 사랑이었습니다.

뿐만 아니라 하나님은 다니엘과 그 친구들에게 더 큰 사랑을 보너스로 주셨습니다. 성경은 말씀합니다. "하나님이 이 네 소년에게 지식을 얻게 하시며 모든 학문과 재주에 명철하게 하신 외에 다니엘은 또 모든 이상과 몽조를 깨달아 알더라 왕의 명한 바 그들을 불러들일 기한이 찼으므로 환관장이 그들을 데리고 느부갓네살 앞으로 들어갔더니 왕이 그들과 말하여 보매 무리 중에 다니엘과 하나냐와 미사엘과 아사랴와 같은 자 없으므로 그들로 왕 앞에 모시게 하고 왕이 그들에게 모든 일을 묻는 중에 그 지혜와 총명이 온 나라 박수와 술객보다 십 배나 나은 줄을 아니라 다니엘은 고레스 왕 원년까지 있으니라"(단 1:17-21)

하나님은 더 크게 역사를 하셨습니다. 지식과 지혜를 주셨고 명예와 권세도 주셨습니다. 하나님은 뜻을 정한 사람에게 사랑을 베풀어주십니다. 그리고 축복하시고 더 크게 사용하십니다. 우리 주님은 말씀하셨습니다. "나의 계명을 가지고 지키는 자라야 나를 사랑하는 자니 나를 사랑하는 자는 내 아버지께 사랑을 받을 것이요 나도 그를 사랑하여 그에게 나를 나타내

리라"(요 14:21)

하나님은 지혜의 근본이시기 때문에 자기를 사랑하여 생명을 아끼지 않은 다니엘과 그 친구들에게 다른 사람들보다 열 배나 더 나은 지혜와 총명을 주셨습니다. 세 청년이 계명을 지키기 위하여 우상에게 절하지 않고 풀뭇불 속에 던져 넣음을 당할 때, 하나님은 그들에게 사람이 가히 상상도 할 수 없는 방법으로 멋진 경험을 하게 하셨습니다. 그 고난의 현장에 우리 주님이 나타나셨습니다.

이것은 그들에게 있어서 죽을 때까지 잊지 못할 황홀한 경험이며 간증이었습니다. 다니엘이 기도하는 것을 쉬지 않다가 사자굴 속에 던져졌지만 사자가 그를 먹지 못하게 하셨고, 전무후무한 너무도 신비하고 기가 막히는 체험을 하게 하셨습니다. 이것이야말로 하나님의 사랑이 너무도 생생하게 구체적으로 나타나신 것입니다. 하나님은 자기를 사랑하여 목숨을 버리는 자를 구원하시어 놀라운 경험을 하게 하시고 사람의 방법이 아닌 하나님의 방법으로 사랑을 받게 하십니다.

새해를 맞이하여 뜻을 세웁시다. 하나님 앞에서 겸손하고 정직하게 뜻을 정합시다. 자신을 죄로부터 더럽히지 않겠다고 뜻을 정합시다. 그리고 그 뜻을 실천에 옮깁시다. 거룩한 삶을 살도록 뜻을 정합시다. 철저하게 예배드리는 뜻을, 기도생활의 뜻을, 주일성수의 뜻을, 온전한 십일조의 뜻을, 전도의 뜻을, 봉사의 뜻을 세웁시다. 그리하여 뜻을 정하고 순종하는 자에게 주시는 하나님의 사랑과 축복을 우리도 생생하게 받아 체험하고 증거하는, 믿음에 부유한 승리하는 성도들이 됩시다. 아멘.

소망을 가지고 출발합시다

빌립보서 4:19

[¹⁹나의 하나님이 그리스도 예수 안에서 영광 가운데 그 풍성한 대로 너희 모든 쓸 것을 채우시리라]

할렐루야! 우리에게 또 다시 새해를 주신 하나님께 감사 드립시다. 우리가 2005년 한해를 살아가도록 허락하신 하나님을 찬양합시다.

1950년대에 베를린 대학의 저명한 피아노 교수였던 헐만은 나치 독일 때 전쟁을 반대했다는 이유로 강제수용소에 갇혔다가 살아남은 사람입니다. 그는 하루 종일 심한 노동으로 지치는 생활이 반복되었지만 매일 밤마다 잠들기 전 한 시간씩 나무 침대를 피아노 건반으로 삼아 연습했습니다. 그러다가 지옥과 같은 강제수용소에서 살아남았습니다. 무엇이 그를 죽음의 수용소에서 살아남게 했습니까? 그것은 '나는 반드시 다시 피아노를 연주할 것' 이라는 불굴의 소망과 생동하는 꿈입니다. 그는 말했습니다. "내가 기억하기로는 한없이 반복되는 레파토리가 수용소 연주장에서 밤마다 공연되었습니다. 소리는 나지 않았지만 나의 소망의 귀에는 그 아름다운 곡들이 쟁쟁하게 울리고 있었습니다."

새로운 한해가 왔습니다. 우리는 다시 새로운 소망을 가지고 출발해야 합니다. 우리가 소망을 가지고 출발할 수 있는 이유는 소망은 생명이기 때문입니다.

어떤 사람이 커다란 냉동실에 물건을 가지러 들어갔는데 그만 냉장고 문이 닫히고 말았습니다. 문은 밖에서만 열 수 있도록 되어 있어 냉동실에서 나올 방법이 없었습니다. 혹시나 하여 문을 열심히 두드렸지만 기계 소리 때문에 아무도 들을 수 없었습니다. 소리도 질러보고 문도 두드려보았지만 밖에서는 아무런 반응이 없었습니다. 그는 너무 지친 나머지 바닥에 쓰러지고 말았습니다. 그의 몸은 점점 차가워졌고 어쩌면 얼어죽을지도 모른다는 공포감까지 몰려왔습니다. 몰려드는 공포감과 추위를 이기지 못한 그는 정신을 잃고 말았습니다. 그로부터 며칠 후에 냉동실을 수리하러 온 사람들이 그를 구조하여 간신히 생명을 구했습니다. 그 냉동실은 얼마 전에 고장이 나서 며칠째 가동이 중단된 상태였습니다. 바깥 온도와의 차이도 거의 없었습니다. 곧 얼어죽게 될지도 모른다는 절망감이 그를 추위에 떨게 했고 쓰러지게 했던 것입니다. 이처럼 절망은 우리를 죽음으로 몰아넣습니다.

그러나 소망은 우리를 살립니다. 100여 년 전에 시카고에 큰 화재가 났습니다. 소방서 망루를 제외하고는 모든 것이 시커

멓게 타버렸습니다. 모든 시민들이 낙망했습니다. 그런데 한 가게에 이런 글이 붙었습니다. "이번 화재로 우리 가게가 다 타버렸습니다. 그러나 아직 희망은 타지 않았습니다. 우리는 곧 가게문을 열고 정상 영업을 시작할 것입니다."

사람에게는 희망이 생명입니다. 절망은 곧 죽음입니다. 가슴에 희망을 품고 있는 사람은 살아 있는 사람입니다. 감옥에 갇힌 사람들 중에 절망에 빠진 이는 늘 창살만 바라보지만, 희망을 품은 이는 창살 사이의 파란 하늘을 바라보며 미래의 그림을 그립니다.

우리는 다시 새로운 소망을 가지고 출발해야 합니다. 그것은 우리의 소망이 하나님이시기 때문입니다. 오늘 성경 본문에서는 "나의 하나님이 그리스도 예수 안에서 영광 가운데 그 풍성한 대로 너희 모든 쓸 것을 채우시리라"(빌 4:19)고 말씀합니다. 우리 하나님은 빌립보 성도들의 필요를 채워주시는 분이십니다. '채우시리라'는 말씀은 하나님께서 반드시 채워 주실 것을 조금도 의심치 않고 믿는다는 의미를 함축합니다. 왜냐하면 우리 하나님은 신실하신 하나님이시기 때문입니다. 우리 하나님은 그의 백성들의 모든 필요를 분명히 채워주십니다. 하나님은 우리의 모든 필요를 아시되 정확하게 아십니다. 오직 그리스도 안에 있으면 우리의 주인 되신 나의 하나님은 풍성하게 우리의 모든 쓸 것을 채워주십니다. 그러므로 하나님만이 우리의 소망이 되십니다. 우리의 소망은 하나님 안에 있습니다.

  정신과 의사이자 저술가였던 빅터 프랭클은 제2차 세계대전 중 나치에 체포된 후 자신의 재산을 전부 빼앗겼습니다. 아우슈비츠 수용소에 도착했을 때 그에게 남은 것이라고는 외투 안감에 꿰매어 놓은 원고 한 묶음뿐이었습니다. 그가 여러 해 동안 조사하고 집필해 온 원고였습니다. 그러나 수용소에 도착한 그는 그것마저 빼앗겼습니다. 후에 그는 당시를 이렇게 회상했습니다. "나는 내 영혼의 자식을 잃은 상실감에 시달려야 했습니다. 나에겐 아무 것도, 누구도 남아 있지 않은 것 같았습니다. 극한 상황 속에 있던 나는 내 삶이 완전히 무의미해진 것이 아닌가 하는 의문에 부딪혔습니다." 며칠 후 나치들은 죄수들의 옷을 강제로 수거해 갔고, 프랭클은 가스실로 보내진 한 수감자가 입던 옷을 물려받았습니다. 그는 주머니 속에 손을 넣었다가 찢어진 종이 한 장을 발견했습니다. 히브리 기도서에서 뜯어낸 그 종이에는 '쉐마 이스라엘'이 적혀 있었습니다. "이스라엘아 들으라 우리 하나님 여호와는 오직 하나인 여호와시니 너는 마음을 다하고 성품을 다하고 힘을 다하여 네 하나님 여호와를 사랑하라"(신 6:4) 그는 우연히 발견한 그 글귀를 종이에 옮기기보다는 그대로 실천하라는 도전으로 받아들이지 않을 수 없었습니다. 그 후 자신의 명저「삶의 의미를 찾아서」(Man?s search for Meaning)에 이렇게 기록했습니다. "살아갈 이유가 있는 사람은 어떤 삶이라도 견딜 수 있다."

소망을 가진 사람은 어떤 환경이 닥쳐와도 인내하며 살아갈 수 있습니다. 우리에게는 살아 계신 하나님이 계십니다. 하나님께 소망을 둔 사람은 어떤 환경에서도 다시 출발할 수 있습니다.

1492년 독일에서 「뉴렌버그 연대기」라는 책이 발간되었습니다. 드디어 11년 내에 지구의 종말이 온다는 예언이었습니다. 성경을 예증하고 역사적인 사례를 들어가면서 지구의 종말이 다가왔다는 것이었습니다. 이 책은 독일과 유럽의 여러 나라에 상당한 충격을 불러왔습니다. 절망을 주는 책이었습니다. 그러나 이 책이 출판된 지 4개월 뒤에 스페인의 리스본 항구에서 작은 범선이 출항을 했습니다. 이 배는 대서양의 풍파와 싸우며 서쪽으로 서쪽으로 미지의 세계를 향해 전진했습니다. 뱃머리에 한 사나이가 수평선을 지켜보고 서 있었습니다. 그는 지구의 종말이 온다고 모두가 절망과 공포에 싸여 있을 때, 저 바다 끝에는 반드시 새 세계가 있고 더 살기 좋은 땅이 있을 것이라는 소망을 가지고 있었습니다. 출항한 지 한달 후 1492년 10월 12일에 그는 정말 새 땅을 발견했습니다. 이 소망을 가진 사나이는 크리스토퍼 콜럼버스였습니다. 그가 처음으로 본 이 땅은 쿠바 동북부에 있는 바하마 열도였습니다. 그는 이 섬의 이름을 산 살바돌(San Salvador)이라고 불렀습니다. 구세주라는 뜻입니다. 그 이유는 '예수께서 나에게 소망과 비전과 용기를 주셨기 때문에 내가 여기에 도달할 수 있었다.'는 확신 때문이었습니다. 하나님을 소망 삼고 사는 사람은 어떤 환경에서도 절망하지 않습니다. 하나님이 그와 함께 하시기 때문입니다.

성경은 말씀합니다. "그런즉 이 일에 대하여 우리가 무슨 말 하리요 만일 하나님이 우리를 위하시면 누가 우리를 대적하리요 자기 아들을 아끼지 아니하시고 우리 모든 사람을 위하여 내어 주신 이가 어찌 그 아들과 함께 모든 것을 우리에게 은사로 주지 아니하시겠느뇨"(롬 8:31-32) 믿음의 조상 아브라함은 오직 하나님만 소망 삼고 고향을 떠나 미지의 땅을 향했습니다. 모세는 하나님 한 분만을 소망 삼고 홍해와 사막이 기다리는 곳으로 갔습니다. '떠나라 내가 너와 함께 하리라' 는 하나님의 말씀만을 소망 삼고 떠났습니다. 성경은 소망의 이야기입니다. 믿음의 사람들의 생애는 소망에 대한 이야기입니다. 성공한 사람들, 승리한 사람들의 생애 역시 소망에 대한 이야기입니다. 우리 하나님은 소망을 가진 자에게 사랑을 부어 주시고 능력 있는 사람으로 만들어 주십니다. "다만 이뿐 아니라 우리가 환난 중에도 즐거워하나니 이는 환난은 인내를, 인내는 연단을, 연단은 소망을 이루는 줄 앎이로다 소망이 부끄럽게 아니함은 우리에게 주신 성령으로 말미암아 하나님의 사랑이 우리 마음에 부은 바 됨이니"(롬 5:3-5)

소망을 가진 사람은 인내하며 살아갑니다. 빌립보 교회 성도들도 핍박 속에서도 소망을 가지고 인내하며 신앙을 지켰습니다. 하나님은 그들에게 성령과 사랑을 부어주셨습니다. 데살로니가 성도들도 많은 핍박 속에서 오직 하나님을 소망 삼고 참으며 인내했습니다.

우리 인생은 마라톤과 같습니다. 긴 거리를 오랫동안 인내해야 성공적으로 주파할 수 있습니다. 긴 코스에는 여러 가지 위험이 따릅니다. 질병에 걸릴 수도 있고, 경제적으로 곤경에 처하기도 하고, 교통사고의 위험도 있으며, 자녀 때문에 고통을 당하기도 합니다. 이럴 때 우리에게 필요한 것은 소망을 가지고 인내하는 것입니다. 우리의 영원한 소망되신 하나님을 바라보고 인내하며 중단 없이 달려야 합니다. 히브리서 11장에 나오는 믿음의 영웅들의 자세를 이렇게 표현했습니다. "저희가 나온 바 본향을 생각하였더면 돌아갈 기회가 있었으려니와 저희가 이제는 더 나은 본향을 사모하니 곧 하늘에 있는 것이라"(히 11:15-16)

소망을 가진 사람은 인내하며 살아갈 수 있습니다. 한 마을에 꽃을 파는 노인이 있었습니다. 노인은 가난했고, 복장은 허름하며, 얼굴에는 주름이 깊게 패여 있었습니다. 그러나 얼굴 전체에 항상 행복한 웃음꽃이 활짝 피어 있었습니다. 사람들은 그 노인을 '행복한 할머니'라고 불렀습니다. 어느 날 한 사람이 노인에게 물었습니다. "무슨 좋은 일이 있나 봅니다." 노인은 특유의 밝은 웃음을 지으면서 말했습니다. "내게 행복의 비결이 하나 있지요. 이 나이에 어찌 좋은 일만 있겠습니까?

고통을 당할 때마다 저는 예수님을 생각합니다. 예수님은 금요일에 십자가에 못 박히는 고통을 당하셨으나 사흘만에 부활의 새벽을 맞았습니다. 저는 고난이 다가올 때마다 마음 속으로 '사흘만 기다리자'고 다짐합니다. 그때부터 제 삶이 한결 행복해졌어요." 노인이 누리는 행복의 근원은 부활의 소망이었습니다.

봄이 오면 앙상한 나뭇가지에도 새순이 돋습니다. 세상에서 가장 어리석은 사람은 모든 것을 포기하는 사람입니다. 고난이 닥칠 때 이 노인처럼 속삭이시기 바랍니다.

주님은 말씀하셨습니다. "또 너희가 내 이름을 인하여 모든 사람에게 미움을 받을 것이나 나중까지 견디는 자는 구원을 얻으리라"(마 10:22)

미국의 '볼티모어 선'(Baltimore Sun) 지는 독자들에게 이런 설문을 냈습니다. "당신이 새해 1년만 살고 죽는다면 그 1년을 어떻게 보내시겠습니까?" 수백 통의 응답이 있었는데 집을 사겠다거나 은행의 예금잔고를 얼마로 올리겠다는 등 물질적인 것은 거의 없었습니다. 반면 대부분이 "더 많은 도움을 주겠다.", "더 많은 미소를 주겠다.", "더 많은 사랑을 주겠다.", "조금이라도 이 세상을 더 밝게 하겠다."는 등 대부분이 주겠다는 내용이었다고 합니다. 우리의 생이 1년만 남았다고 생각하면 주는 것을 생각하게 됩니다. 여기에서 인간의 진정한 소망은 물질에 있지 않고 더 높은 곳에 있음을 증명합니다. 인기 야구

선수인 보 잭슨(Bo Jackson)은 새해를 앞두고 자기의 표어를 만들어 공개했습니다. "Just do it. Use it or lose it." '그저 실천하라. 있는 것을 사용하라. 그렇지 않으면 잃으리라.' 는 뜻입니다.

우리는 이 한해를 우리의 영원한 소망되시는 하나님께 모든 것을 다 맡기고 시작해야 합니다. 제1차 세계 대전 때 어느 프랑스 장군이 기자의 질문을 받았습니다. "장군님, 어느 쪽이 승리하겠습니까?" 그때 장군의 대답은 명언이었습니다. "전진하는 쪽이 이길 것이오."

하나님께서 우리에게 새로운 해를 주셨습니다. 우리 모두 소망을 가지고 출발해야 합니다. 소망은 생명이며, 우리의 소망이 하나님이시기 때문입니다. 하나님만이 우리의 소망이 되십니다. 소망을 가지고 출발하고 그 소망을 그리스도 안에서 이루는 축복을 누립시다. 아멘.

내가 여기 있나이다 나를 보내소서

이사야 6:8

[⁸내가 또 주의 목소리를 들으니 주께서 이르시되 내가 누구를 보내며 누가 우리를 위하여 갈꼬 하시니 그 때에 내가 이르되 내가 여기 있나이다 나를 보내소서 하였더니]

하나님께서 우리에게 새로운 한해를 주셨습니다. 새로운 각오와 다짐을 가지고 시작해야 합니다. 올해 우리 교회의 목표는 '내가 여기 있나이다 나를 보내소서' 입니다. 이 말은 이사야 선지자의 고백입니다.

남방 유다 왕국의 열 번째 왕은 웃시야입니다. 이 웃시야는 BC 791년에서 739년까지 약 52년 간 유다를 통치했습니다. 그가 집권 초기에는 유다의 영토 확장과 농업 개발을 위해서 많은 노력을 했습니다. 그러나 나라가 번영하게 되자 교만하게 되어 만년에는 여호와의 전에 들어가 향단에 분향하려다가 무서운 문둥병에 걸렸습니다. 이런 웃시야 왕이 죽던 해인 BC 739년에 이사야는 성전에서 영혼의 눈을 통해 보좌에 앉으신 하나님의 모습을 보게 되었습니다. 보좌에 앉으신 하나님의 옷자락이 성전에 가득하다고 했습니다. 그때에 천사인 스랍들이 하나님의 보좌를 모셔섰습니다. 그 스랍들에게는 각기 여섯 날개가 있는데 그 둘로는 얼굴을 가렸고, 그 둘로는 발을 가렸고, 그 둘로는 날아다니면서 이렇게 노래했습니다. "거룩하다 거룩하다 거룩하다 만군의 여호와여 그 영광이 온 땅에 충만하도다" 이 스랍들이 얼마나 큰 소리로 찬송했던지 성전 문지방의 터가 심하게 떨렸습니다. 그리고 성전 안에는 온통 연기로 충만했습니다. 이 거룩하신 하나님의 영광스러운 모습을 영안을 떠서 목격하던 이사야가 말합니다. "화로다 나여 망하게 되었도다 나는 입술이 부정한 사람이요 입술이 부정한 백성 중에 거하면서 만군의 여호와이신 왕을 뵈었음이로다" 그 때에 스랍 중 하나가 화저로 단에서 취한 불타는 숯을 손에 들고 이사야에게 날아옵니다. 그것을 이사야의 입에 대면서 말합니다. "보라 이것이 네 입에 닿았으니 네 악이 제하여졌고 네 죄가 사하여졌느니라" 그리고 이사야가 하나님의 목소리를 들으니 이런 음성이 들렸습니다. "내가 누구를 보내며 누가 우리를 위하여 갈꼬" 그 때에 이사야가 대답합니다. "내가 여기 있나이다 나를 보내소서"

우리는 이사야 선지자처럼 올 한해를, 아니 우리의 남은 세월을 하나님 앞에서 '내가 여기 있나이다 나를 보내소서'라고 고백하는 삶이 되시기를 바랍니다.

우리는 먼저,

1. 하나님을 만나는 체험을 해야 합니다

"웃시야 왕의 죽던 해에 내가 본즉 주께서 높이 들린 보좌에 앉으셨는데 그 옷자락은 성전에 가득하였고 이같이 창화하는 자의 소리로 인하여 문지방의 터가 요동하며 집에 연기가 충만한지라"(사 6:1,4)

이사야는 하나님을 영안으로 보았습니다. 우리는 먼저 하나님을 만나야 하고 하나님을 보아야 합니다. 이사야가 하나님의 부르심을 받기 전에 먼저 하나님을 보았습니다. 믿음의 사람들은 모두 먼저 하나님을 보았습니다. 모세도 그의 나이 80세에 호렙산에서 이드로의 양을 치다가 가시떨기 불꽃가운데서 말씀하시는 하나님을 만난 적이 있습니다. 하나님을 만난 모세는 하나님의 명령에 순종하는 겸손한 자로서 이스라엘을 구하려고 이집트를 향해 출발하는 것을 볼 수 있습니다. 주의 제자들도 먼저 주님을 만난 후에 주의 부름을 받았습니다. 사도 바울도 다메섹 도상에서 부활하신 예수님을 만난 후에 그의 제자가 되어 평생동안 주를 위해 살았습니다.

우리는 영의 눈이 뜨여야 합니다. 주님을 보는 눈이 있어야 합니다. 이사야도 하나님의 쓰임을 받기 전에 먼저 하나님을 만났습니다.

1) 거룩하신 하나님을 보는 영안이 열려야 합니다

"스랍들은 모셔 섰는데 각기 여섯 날개가 있어 그 둘로는 그 얼굴을 가리었고 그 둘로는 그 발을 가리었고 그 둘로는 날며 서로 창화하여 가로되 거룩하다 거룩하다 거룩하다 만군의 여호와여 그 영광이 온 땅에 충만하도다"(사 6:2-3)

우리는 스랍 천사들처럼 거룩하신 하나님을 볼 수 있어야 합니다. 하나님을 어디에서 보았습니까? 하나님의 성전에서 보았습니다. 우리도 거룩하신 하나님을 만나고 보기 위해 주의 전을 찾아야 합니다. 주님의 전에 나와 예배드리고 기도하며 경건한 삶을 사는 사람은 영의 눈이 밝아지고, 거룩하신 주님을 만나는 체험을 할 수 있습니다. 우리가 너무 세상적인 일에 빠져 있으면 영의 눈이 어두워져 주님을 볼 수 없습니다. 하나님의 손길을 느끼지 못합니다. 그러므로 우리는 모든 일에 거룩한 자가 되기 위해 힘써야 합니다.

2) 거룩하게 살기 위해 경건의 연습을 해야 합니다

"망령되고 허탄한 신화를 버리고 오직 경건에 이르기를 연습하라 육체의 연습은 약간의 유익이 있으나 경건은 범사에 유익하니 금생과 내생에 약속이 있느니라"(딤전 4:7-8)

기독교에서 술이나 담배, 그리고 오락을 금하는 이유는 거룩한 삶을 살도록 하기 위해서입니다. 우리는 거룩한 삶을 살도록 애쓰고 훈련해야 합니다. 운동 선수들이 얼마나 열심히 훈련합니까? 우리도 거룩하신 하나님을 보고 영의 눈이 밝아지기 위해서 경건의 훈련을 해야 합니다. 하나님을 만나고 체험하기 위해서는 거룩한 일을 훈련해야 합니다. 예배드리기를 힘써야 하고, 기도생활에 힘써야 하고, 주일을 거룩하게 지키기 위해서 힘써야 하고, 온전한 십일조를 드리도록 힘써야 합니다. 그리고 거룩한 주의 일에 많은 시간을 투자해야 합니다. 이때 우리의 영의 눈이 열려 거룩하신 주님을 바라볼 수 있습니다.

이때 우리는 "만군의 여호와여 그 영광이 온 땅에 충만하도다" 하고 고백 할 수 있습니다. 영의 눈이 밝은 성도는 어디에 가도 하나님의 영광이 온 세상에 충만함을 볼 수 있습니다. 우리는 자연 속에서 하나님의 위대하심과 그의 영광을 볼 수 있습니다. 등산을 좋아하는 분들은 지리산과 설악산의 웅장한 모습에서 하나님의 솜씨와 영광을 볼 수 있습니다. 미국의 그랜드 캐년의 웅장한 모습과 사우스 아프리카의 이스턴 트란스발의 '하나님의 창문'에서 하나님의 창조 섭리를 볼 수 있습니다.

우리가 잘 부르는 찬송가 40장은 하나님이 지으신 세계를 이렇게 찬송하고 있습니다.

주 하나님 지으신 모든 세계 내 마음속에 그리어 볼 때
하늘의 별 울려 퍼지는 뇌성 주님의 권능 우주에 찼네
숲 속이나 험한 산골짝에서 지저귀는 저 새소리들과

고요하게 흐르는 시냇물은 주님의 솜씨 노래하도다
주님의 높고 위대하심을 내 영혼이 찬양하네
주님의 높고 위대하심을 내 영혼이 찬양하네

이 찬송시는 캐를 보버그 목사님이 1886년도에 쓴 것이라고 합니다. 그는 이 찬송시에 대한 영감은 스웨덴 남동 해안에 펼쳐진 아름다운 시골의 전경에서 얻은 것이라고 합니다. 그는 대낮에 갑자기 무서울 정도로 번쩍거리면서 내리는 뇌우와, 뒤이어 활짝 갠 하늘에 매료되었던 것입니다. 곧 이어 근처의 숲 속에서 들리는 고요하고 달콤한 새들의 지저귐을 들었습니다. 이 경험은 목사인 그로하여금 무릎 꿇어 위대하신 하나님을 겸손히 찬양하게 했습니다. 그래서 그는 9절로 된 시를 써서 하나님의 영광을 기록했습니다. 여러 해가 지나 그가 바름란트 지방의 한 집회에 참석했는데, 회중들이 스웨덴의 옛 가락에 맞추어 그의 시를 노래하는 것에 깜짝 놀랐다고 합니다. 그 후 영국 태생의 감리교 선교사인 하이네 목사가 원 가사의 줄거리를 손상시키지 않고 오늘날의 4절 가사로 만들었다고 합니다.

이사야 선지자는 성전 안에서 영혼의 눈을 떠서 보좌에 앉으신 하나님의 거룩하심과 영광스러운 모습을 직접 보았습니다. 영안을 떠서 하나님의 거룩하심과 영광을 본 성도가 영광스러운 하나님 앞에서 해야 할 일은 오직 입을 열어서 큰 소리로 하나님을 찬양하는 것입니다.

올해에 우리는 거룩하신 주님을 만나는 일에 힘씁시다. 예배를 통해서 하나님을 만나야 합니다. 일년 내내 예배생활에 힘을 씁시다. 모든 공적 예배에 열심히 참여합시다.

1959년 9월 27일, 미국의 아이젠하워 대통령은 소련의 수상 후르시초프에게 오늘은 주일이니 함께 교회에 가자고 전화를 했습니다. 그러나 후르시초프는 거절했습니다. 그러자 아이젠하워는 한 시간 반만 기다려 달라고 했습니다. 예배가 끝나자 아이젠하워는 후르시초프를 만났습니다. 아이젠하워가 "한 시간 반 동안 무엇을 하셨습니까?" 하고 묻자 후르시초프가 말했습니다. "내가 먼 길을 찾아왔는데도 교회에 가야 할 아이젠하워의 핑계가 무엇인지 생각했소." 당시 초강대국인 소련의 수상을 초청해 놓고 예배를 드리기 위해 그를 기다리게 한다는 것은 외교적인 상식으로는 상상을 초월한 일입니다. 잘못하면 외교 및 국가적인 손실과 분쟁으로 악화될 수도 있는 일입니다. 그렇다면 아이젠하워의 행동은 무엇을 의미합니까? 그것은 예배보다 더 중요한 것은 없다는 것입니다. 그는 하나님께 예배드리는 것이 무엇보다 가장 중요한 것임을 알았습니다. 그의 깊은 신앙심이 미국을 이끌어 가는 지도력이 되었습니다. 이것은 하나님을 체험한 사람, 즉 신앙의 깊은 세계를 아는 사람만이 할 수 있는 일입니다.

우리도 신앙을 통하여 은혜의 세계를 체험하고 이 땅에 하나님의 세계를 이루어 가야겠습니다. 무슨 일을 하든지 하나님의 부르심에 합당한 삶을 살기 위해서는 하나님의 보좌 앞에 나와야 합니다. 그리고 하나님의 영광을 바라보아야 합니다. 아직도 세상적인 욕심에 이끌려 살아간다면 실패한 인생이 되고 말 것입니다. 하나님의 보좌 앞에 나와 영광스런 하나님을 만나야 합니다. 왜냐하면 인간은 하나님의 영광을 보기 전에는 절대로 변화될 수 없기 때문입니다. 다시 말하면, 영광의 하나님을 인격적으로 만나지 못하면 하나님의 자녀로서의 분명한 삶을 살아갈 수가 없다는 의미입니다.

하나님의 사람으로 하나님의 영광스런 모습에 압도되어 귀하게 쓰임 받으시기를 바랍니다. 우리 모두 영안이 열려 하나님을 바라보고 하나님을 만나는 한해가 되도록 거룩한 일에 열심히 참여하는 성도가 됩시다.

2. 깨끗함을 받아야 합니다

이사야는 하나님 앞에 이렇게 말하지 않을 수가 없었습니다.

> "화로다 나여 망하게 되었도다 나는 입술이 부정한 사람이요 입술이 부정한 백성 중에 거하면서 만군의 여호와이신 왕을 뵈었음이로다"

여기에 보면, 이사야는 자신의 죄 가운데 특별히 부정한 입술을 지목해서 말하고 있습니다.

1) 먼저 자신이 죄인임을 항상 고백해야 합니다

이사야는 정결한 입술로 하나님을 찬양하는 스랍들의 모습과 자신의 모습을 대조할 때 충격을 받았습니다. 자신이 부정함을 깨달았습니다. 이사야 29장 13절 말씀입니다. "주께서 가라사대 이 백성이 입으로는 나를 가까이 하며 입술로는 나를 존경하나 그 마음은 내게서 멀리 떠났나니 그들이 나를 경외함은 사람의 계명으로 가르침을 받았을 뿐이라" 이사야는 자신이 부정한 입술을 가진 자라고 통회하고, 또한 자신의 입술이 부정한 백성 중에 거하고 있음을 하나님 앞에 철저히 뉘우치며 회개하고 있습니다. 거룩하신 하나님의 존전에 엎드리는 성도는 항상 자신이 부정한 죄인임을 압니다. 하나님께 쓰임을 받는 종들은 항상 자신의 죄인 됨과 부정함을 고백합니다.

한경직 목사님은 자타가 공인하는 한국의 대표적인 목회자로 많은 사역들을 감당했습니다. 종교계의 노벨상이라 불리는 템플턴상도 수상했습니다. 한 목사님은 겸손한 분이었습니다. 한 목사님은 "나는 죄인입니다. 나는 과거에 신사참배에 앞장선 죄인입니다."라고 고백했습니다. 자신의 부정함을 고백하고 낮아진 그를 하나님은 높이 들어서 사용하셨습니다. 우리는 모두 다 죄인입니다. 하나님의 거룩하심 앞에 겸손하게 엎드려야 합니다.

주님은 "주여, 나를 떠나소서. 내가 죄인입니다."라고 고백하는 베드로를 불러 제자로 삼으셨습니다. 하나님의 부르심을 받은 종들은 깨끗함을 받아야 합니다. 항상 회개하는 삶을 살아야 합니다. 자신이 죄인임을 고백하는 이사야에게 하나님은 사죄함을 선포하셨습니다. "때에 그 스랍의 하나가 화저로 단에서 취한 바 핀 숯을 손에 가지고 내게로 날아와서 그것을 내 입에 대며 가로되 보라 이것이 네 입에 닿았으니 네 악이 제하여졌고 네 죄가 사하여졌느니라 하더라"(사 6:6-7)

그 스랍 중 하나가 화저(불집게)로 단에서 취한 불타는 숯을 가지고 이사야에게 날아와 이사야의 입에 대었다고 했습니다. 불타는 숯을 입에 대었으니 아마 이사야의 입술이 이글이글 탔을 것입니다. 그때 스랍이 말합니다. "보라 이것이 네 입에 닿았으니 네 악이 제하여졌고 네 죄가 사하여졌느니라"(사 6:6-7) 자신의 죄악으로 인해 괴로워하던 이사야에게 하나님이 스랍을 통해 '네 악이 제하여 졌고 네 죄가 사하여졌느니라' 고 선언하셨습니다.

죄인인 인간은 죄를 사할 권세가 없습니다. 그러나 하나님은 인간의 죄를 사할 권세가 있는 줄로 믿습니다. 우리 예수님도 이 땅에 계실 때에 많은 사람들을 향해서 '네 죄 사함을 얻었느니라' 고 선포하셨습니다. 지난 주일에 생각했던 대로 예수님은 사람들에 의해 간음하다 끌려 온 여인을 향해서도 '네 죄 사함을 얻었느니라'고 선언하셨습니다. 마태복음 9장에 보면, 사람들이 침상에 누운 중풍병자를 예수님께로 데려 왔을 때에도 그 중풍병자를 향해 말씀하셨습니다. "소자야 안심하라 네 죄 사함을 받았느니라" 세상의 법정 판결은 얼마든지 오류가 있을 수 있습니다. 그러나 전능하신 하나님이 우리의 죄를 사하셨다고 선언하신다면 실제로 그 죄가 사해진 것을 믿으시기 바랍니다. 우리는 죄 사함을 체험해야 합니다.

우리 하나님은 어떤 죄인이라도 용서하십니다. 우리 자신이 스스로 부족한 죄인임을 깨닫고 우리 죄를 고백하면 하나님께서 우리의 모든 죄를 사하실 줄 믿으시기 바랍니다. 시몬 베드로가 갈릴리 바다에서 밤이 맞도록 그물을 던졌어도 물고기를 한 마리도 잡지 못했습니다. 그 때 예수님은 시몬을 향해 '그물을 깊은 데로 가서 던지라'고 하셨습니다. 이때 시몬 베드로가 말합니다. "선생이여 우리들이 밤이 맞도록 수고를 하였으되 얻은 것이 없지마는 말씀에 의지하여 그물을 내리리이다" 그리고 말씀에 순종하여 그물을 던졌을 때에 배가 잠길 만큼 물고기가 많이 잡혀서 자기의 배에 뿐만 아니라 다른 친구의 배까지 오라 하여 두 배에 가득 채우게 되었습니다. 그때 시몬 베드로가 예수의 무릎 아래 엎드려 고백했습니다. "주여 나를 떠나소서 나는 죄인이로소이다" 이런 시몬의 고백에 대해 주님이 말씀하십니다. "무서워 말라 이제 후로는 네가 사람을 취하리라" 이 말씀을 들은 시몬 베드로를 비롯한 안드레와 야고

보와 요한도 모두 배를 육지에 대고 모든 것을 버려 두고 예수를 좇았습니다(눅 5:1-11).

우리가 자신의 죄를 두려워하면서 부끄러워 견딜 수 없는 마음을 가지고 죄를 회개할 때에 하나님은 그 모든 죄를 사하여 주십니다. 우리는 하나님께서 죄를 고백하는 자를 당신의 일꾼으로 쓰시는 것을 믿습니다. 이사야의 고백 중에 1장 18절을 보면, "여호와께서 말씀하시되 오라 우리가 서로 변론하자 너희 죄가 주홍 같을지라도 눈과 같이 희어질 것이요 진홍같이 붉을지라도 양털같이 되리라"고 고백하고 있습니다. 이사야의 부정한 입술이 하나님 앞에 사함 받게 된 것입니다. 더러운 말을 내뱉던 입술이 하나님에 의해 용서함을 받게 된 것입니다.

우리는 죄 용서함을 받은 확신을 가지고 살때에 온전히 헌신할 수 있습니다. 예수님을 세 번 부인했던 베드로가 디베랴 바다에서 주님을 만났습니다. 그러자 사랑을 세 번 고백하고 죄 사함을 받은 후 복음을 위하여 순교의 자리까지 나아가 헌신하며 봉사했습니다.

황해도 재령의 불량배로 알려진 청년 김익두도 예수님을 만나 죄 사함을 받는 체험을 한 후, 한국의 위대한 부흥사로 복음을 전하는 일에 헌신했습니다. 노예 상인이었던 존 뉴턴 역시 죄 사함을 받은 후 신학을 공부하여 주의 복음을 위하여 평생을 바치는 믿음의 일꾼이 되었습니다. 그가 죄 사함을 받은 후 작시한 "나 같은 죄인 살리신 그 은혜 놀라워 잃었던 생명 찾았고 광명을 얻었네"는 전 세계의 수많은 영혼들에게 은혜를 끼치는 찬송이 되었습니다.

헨델은 40년 동안 영국과 유럽에서 오페라 음악의 작곡가로 널리 이름을 떨쳤으나 자신이 얻은 명성이 덧없음을 느꼈습니다. 1741년 8월, 나이 들고 빈 털털이가 된 헨델은 뇌출혈로 몸의 한쪽 부분이 마비되어 제대로 걸을 수조차 없었습니다. 그러던 어느 날, 찰스 기본이라는 한 시인이 방문했습니다. 그는 헨델에게 성경 본문으로 작사한 시를 건네주며 그것을 작곡해 줄 것을 제안했습니다. 헨델은 아무 생각 없이 그 시를 읽었으나 점차 그의 얼굴이 달라지기 시작했습니다. "그는 멸시를 받아…간고를 많이 겪었으며 질고를 아는 자라 그를 위로하는 자가 아무도 없으니" 이 이사야서의 말씀이 헨델의 상처들을 완전히 어루만져줌을 느낄 수 있었습니다. "나의 구원자는 살아 계시니 기뻐하라 할렐루야"라는 끝 구절을 읽고 곧바로 펜을 움켜잡았습니다. 그는 작곡하는 중에 눈시울이 뜨거워짐을 수시로 느꼈고, 그 후 21일 동안 거의 쉬지 않고 '메시야'를 작곡했습니다. 그는 "나는 천국과 위대하신 하나님을 뵌 것으로 생각됩니다."라고 고백했습니다. '메시야'가 런던에서 처음으로 연주된 후 그는 앞을 볼 수 없게 되었습니다. 그러나 그의 생애 마지막 6년 동안의 믿음은 조금도 흔들리지 않았습니다.

하나님께서 사용하시는 사람은 어떤 사람입니까? 죄를 용서받은 사람입니다. 우리 하나님은 죄 사함의 은혜를 체험한 깨끗한 사람을 사용하십니다. 오물이 가득한 그릇은 아무리 비싼 것이라도 쓸모가 없습니다. 그러나 작고 보잘것없는 그릇이라도 깨끗하기만 하면 얼마든지 그 용도에 따라서 다양하게 사용될 수 있습니다. 하나님께서 우리를 사용하시려고 할 때 계속해서 죄 가운데 있으면 결코 주님의 도구가 될 수 없습니다. 죄 용서함을 받고 용서에 대한 확신을 가지고 살아가는 사람만이 하나님의 손에 귀한 도구로 쓰임을 받을 수 있는 줄 믿습니다. 우리는 깨끗한 그릇이 되어야 합니다. 죄 사함을 받고 성령의 불로 깨끗함을 받아야 하나님이 사용하시는 일꾼이 될 수 있습니다. 주님의 숯불로 여러분의 부정한 것을 다 제거해 주심으로 온전히 주님의 귀한 도구로 사용되시기를 바랍니다.

3. 결단하고 헌신해야 합니다

하나님 앞에 선 자신의 모습을 올바르게 인식할 때 우리에게 주어지는 하나님의 사명을 깨달을 수 있습니다.

> "내가 또 주의 목소리를 들은즉 이르시되 내가 누구를 보내며 누가 우리를 위하여 갈꼬 그 때에 내가 가로되 내가 여기 있나이다 나를 보내소서"(단 6:8)

이사야 선지자는 하나님 앞에 "내가 여기 있나이다 나를 보내소서" 하고 고백했습니다. 이 이사야의 고백 속에는 자신이 바로 하나님의 일을 하기 위해 보냄 받은 자라는 고백이 들어 있습니다. 그리고 이사야는 하나님께서 자신을 부르신 이유가 바로 오늘 '여기'에서 불러주셨기 때문에 오늘 주어진 이 역사적인 일을 감당해야 한다는 고백이 들어 있습니다. 하나님께서 우리에게 주시는 일은 분명히 자기의 모습을 바로 아는 것에서부터 시작됩니다.

오늘 이 자리에 와서 예배를 드리고 있는 나는 누구이며, 하나님께서는 나를 어떤 목적으로 불러주셨으며, 왜 나를 오늘 이 자리에까지 불러서 살아가도록 하는 것입니까? 우리는 자신이 누구인가를 분명히 모르면 무엇을 해야할지도 제대로 모르게 됩니다.

오늘날 얼마나 많은 크리스천들이 하나님이 부르시는 음성을 듣지 못하고 살아가는지 모릅니다. 세상 사람들과 똑같은 가치관으로 오직 세상의 재미와 쾌락과 돈과 물질을 좇아 생활하고 있지 않습니까? 얼마나 많은 사람들이 하나님을 무시하고 자기 교만에 빠져서 생활하고 있습니까? 권력과 돈의 우상 앞에 넙죽 엎드리며 하나님 없이 살아가는 사람들이 얼마나 많습니까? 하나님께서 우리를 이 시대에 살아가게 하신 이유가 무엇입니까? 우리의 생명을 연장시켜 올해도 활동하며 움직이게 하시는 뜻이 무엇입니까? 우리는 우리의 존재 가치를 알아야 합니다.

하나님은 그의 뜻을 이루시기 위해 우리를 부르셨고 우리의 생명을 연장시켜 주셨습니다. 우리에게 건강과 물질도 주셨습니다. 우리는 이것을 알아야 합니다. 우리는 하나님의 부르심을 받아야 합니다. 그리고 결단해야 합니다. 앞서 고백이 있어야 합니다. "하나님, 오늘 우리는 죄 된 자리에 있습니다. 우리는 죄악 된 세상에서 죄악과 함께 살아가고 있습니다. 그러니 우리의 죄를 용서하여 주옵소서!' 하는 고백이 있어야 합니다. 그리고 주께서 "누가 우리를 위하여 갈꼬? 내가 누구를 보낼꼬?' 하실 때, 이사야처럼 "내가 여기 있나이다 나를 보내소서" 하고 고백해야 합니다. 이사야는 "제가 바로 그 일꾼이 되겠습니다." 하는 자기 결단을 자신의 마음속으로만 다짐한 것이 아니라, 하나님 앞에 나가서 "하나님, 저를 보내주십시오." 하고 간구했습니다. 이사야는 하나님께서 자신을 하나님의 일꾼으로 파송할 것이라는 생각을 처음부터 한 것이 아닙니다. 오히려 '나는 입술이 부정한 자이기 때문에' 하나님의 일꾼으로 합당하지 않다고 말했습니다. 특히 이사야는 왕궁에 있었던 궁중 예언자였습니다. 궁중에 살면서 예언활동을 했으니 얼마나 많은 죄를 지었겠습니까? 거짓말도 하고, 권력에 아부와 아첨하는 말도 했을 것입니다. 하나님의 뜻을 전하기보다는 사람의 눈치를 보는 생활을 했을 것입니다. 하나님은 이러한 이사야의 모습을 보셨습니다. 그리고 번제단 위에 있는 숯불을 가져다가 이사야의 입술에 댐으로써 이사야를 정하게 하신 것입니다. 이사야는 여기에서 힘을 얻었습니다. '나를 보내소서' 하는 마음으로 하나님 앞에 나아간 것입니다. 이제 우리도 이사야처럼 고백해야 합니다. 이사야처럼 하나님께서 부르실 때에 "주여 나를 보내소서" 하고 응답할 수 있어야 합니다.

그러면 우리가 이사야처럼 하나님 앞에 일꾼으로 나서기 위해서는 어떻게 해야겠습니까? "아무개 집사를 보내시지요. 아무개 장로를 보내시지요. 아무개 목사를 보내시지요." 이런 대답들은 아무 필요가 없습니다. "저를 보내주옵소서. 제가 부족하지만 저를 보내 주십시오. 제가 입술이 부족하지만 저를 보내주십시오." 이것만이 하나님이 우리에게 요구하시는 대답입니다.

여러분이 지금 속해 있는 그곳이 바로 하나님을 위해서 보냄받은 장소입니다. 여러분의 직장은 하나님의 복음을 전하도록 주신 좋은 장소요, 여러분의 사업장은 하나님의 뜻을 전달하며 복음의 씨앗을 심기 위한 좋은 도구인 것을 믿으시기 바랍니다. 우리는 하나님이 주신 그 은사와 달란트를 찾아서 잘 사용해야 합니다. 하나님이 우리에게 "누가 우리를 위하여 갈꼬?" 물으실 때 "하나님, 부족하지만 제가 가겠습니다. 하나님 아버지, 저의 이 모습 이대로 가서 최선을 다해 보겠습니다."라고 확실하게 대답하고, 그대로 순종하는 저와 여러분이 되기를 바랍니다.

아프리카에서 가장 덥고 독사와 악어가 들끓는 곳으로 이름난 '람바레네'라는 곳에는 서양집이나 토인들의 집도 아닌 40여 채의 자그마한 집들이 있습니다. 그 집들은 그 지방민들을 위해 알버트 슈바이처가 세운 병원입니다. 알버트 슈바이처는 1875년 독일 알싸스 지방에서 태어나 26세에 이미 철학과 신학과 음악의 세 가지 분야에서 박사 학위를 취득했습니다. 그리고 의학박사 학위까지 네 개의 학위를 가진 박학한 사람입니다. 그런 그가 1913년에 그 모든 것을 다 저버리고, 가장 불쌍한 사람들을 위해 주 예수의 복음을 전하고자 아내와 함께 아프리카로 향했습니다. 그는 그곳에 이르러 병원을 세우고, 토인들을 돌보아 주며, 주의 복음을 전하기에 갖은 고난을 겪었습니다. 한 번은 "이 같은 야만인들을 고쳐 주기 위하여 이런 곳에 오다니 나는 정말 바보가 아닌가?" 하고 한탄한 적도 있었습니다. 그때 통역을 맡은 이가 "선생님은 과연 세상에서 제일 가는 바보입니다. 그러나 하늘 나라에서는 그렇지 않을 것입니다."라고 위로했다고 합니다.

주님은 오늘도 여러분을 부르고 계십니다. '우리를 위하여 누가 가려는가? 내가 누구를 보내면 좋겠는가? 애타게 찾으십니다. 주님이 세상을 향해 보내시려는 자가 바로 나 자신임을 깨달아, 이사야의 고백처럼 "내가 여기 있사오니 나를 보내소서"라고 응답하시는 여러분들이 되시기를 바랍니다.

이 세상에는 할 일이 많습니다. 우리의 손길을 기다리는 자들이 너무도 많습니다. 우리를 필요로 하는 곳이 사방에 둘러 있습니다. 하나님의 교회에도 할 일이 많습니다. 일꾼들이 많은 것 같으나 항상 부족합니다. 헌신하는 일꾼이 필요합니다. 봉사자들이 필요합니다. 주님은 지금도 일꾼을 찾으십니다. 주님이 찾으실 때 우리는 응답해야 합니다. 기회가 있을 때 섬기고, 건강할 때 일해야 합니다. 가진 것이 있을 때 바칠 수 있어야 합니다. 하나님이 부르실 때 충성해야 합니다. 가장 위대한 봉사는 주를 위해 우리 자신을 바치는 헌신입니다. 하나님의 쓰임을 받는 일꾼이 되는 것입니다.

우리는 먼저 거룩하신 하나님을 만나는 체험을 가져야 합니다. 그러기 위해 경건생활을 연습해야 합니다. 깨끗함을 받아야 하고 죄 용서함의 확신을 가져야 합니다. 그리고 주님의 부르심에 결단하고 따라야 합니다

주님 내가 여기 있사오니 나를 보내소서

나의 맘 나의 몸 주께 드리오니 주 받으옵소서

주님 내가 여기 있사오니 나를 보내소서

가진 것 모두 다 주께 드리오니 주 받으옵소서

우리 모두 조용히 눈을 감고 우리를 부르시는 주님의 음성을 들어야 합니다. "누가 우리를 위하여 갈꼬? 누구를 보낼꼬?" 그 때 우리는 이렇게 대답해야 합니다. "내가 여기 있나이다 나를 보내소서" 아멘.

주의 집에 거하는 자가 복이 있나이다

시편 84:1-4

> ¹만군의 여호와여 주의 장막이 어찌 그리 사랑스러운지요 ²내 영혼이 여호와의 궁정을 사모하여 쇠약함이여 내 마음과 육체가 살아계시는 하나님께 부르짖나이다 ³나의 왕, 나의 하나님, 만군의 여호와여 주의 제단에서 참새도 제 집을 얻고 제비도 새끼 둘 보금자리를 얻었나이다 ⁴주의 집에 사는 자들은 복이 있나니 그들이 항상 주를 찬송하리이다(셀라)

예루살렘의 시온산 위에 세워졌던 성전은 이스라엘 민족의 신앙의 중심이었습니다. 이스라엘 민족은 그들이 국내외 어디에 살든지 큰 절기에 한 번 정도는 예루살렘 성전에 올라가서 예배를 드렸습니다. 그러므로 이스라엘 민족은 큰 절기인 유월절이나 장막절, 혹은 오순절을 손꼽아 기다리다가 때가 되면 시온을 향해서 순례의 길을 떠납니다. 이스라엘 민족은 하나님을 사랑하는 마음을 하나님의 성전을 그리워하는 마음으로 구체화했습니다. 그래서 그들은 하나님의 성전을 사랑했습니다. 그리고 하나님의 성전에 나아가는 것이 그들의 소원이었습니다.

오늘의 본문 시편 84편에서도 이스라엘 사람들이 얼마나 예루살렘 성전을 사모했는지 알 수가 있습니다. 시편 84편 4절에 '주의 집에 거하는 자가 복이 있나이다' 라고 기록하고 있습니다. 주의 집에 거하는 자는 하나님의 성전(성막)에 거하여 하나님께 봉사하는 제사장들이나 찬송하는 레위인들, 또는 특히 고라 자손이 참여했던 문지기들을 뜻할 수 있습니다(대상 23:5; 25,26장). 그러나 이외에도 성전에 들어가 하나님을 경배할 수 있는 특권을 지닌 모든 자들을 뜻할 수도 있습니다. 그러므로 주의 집에 거하는 자는 하나님을 사랑하고 경배하며 주의 전을 사모하여 예배드리는 자들을 말한다고 볼 수 있습니다.

성경은 이 사람들이 복이 있다고 기록합니다. '복이 있다' 는 말은 복수의 표현으로서 글자 그대로 하면 '복들이 있다' 는 뜻입니다. 즉 행복의 충만함이나 다양함을 의미합니다. 많은 복, 다양한 여러 가지의 복을 받는다는 뜻입니다.

올해는 주의 전에 거하는 자들의 다양하고 풍성한 축복을 받는 우리 모두가 되기를 기원합니다. 주의 집에 거하는 자는,

1. 하나님을 만나는 축복을 받습니다

"주의 집에 거하는 자가 복이 있나이다"(시 84:4)

주의 집에 거하는 사람은 예배를 통해 하나님을 만납니다. 하나님은 성전에 계십니다. 주의 백성들이 드리는 예배 중에

거하십니다. 예배 가운데 성령으로 임재하십니다. 부활하신 그리스도의 영이 임재하십니다.

본문의 시인이 주의 장막을 간절히 사모하며 주의 집에 거하는 자가 복이 있다고 하는 것은 그곳에 하나님이 계시기 때문입니다. 주의 집에서 복이 있다고 하는 것은 거기에 하나님이 계시기 때문입니다. 주의 집에서 하나님을 만나 뵐 수 있기 때문입니다. 그러므로 이스라엘 백성들은 절기를 따라서 예루살렘에 있는 성전에 올라가게 되는 것을 한없는 영광과 축복으로 여겼습니다. 그래서 시인도 하나님을 사랑하고 섬기는 사람은 자연스럽게 하나님이 계시는 주의 장막을 사모하며 주의 집에 거할 수밖에 없음을 말씀하고 있습니다. 왜냐하면 주의 집에서 하나님을 만나고, 하나님의 사랑을 받으며, 하나님을 찬송할 수 있기 때문입니다.

교회는 출세의 비결을 배우는 곳이 아닙니다. 또한 성공의 비결을 배우는 곳도 아닙니다. 교회란 하나님을 만나는 곳입니다. 하나님을 사랑하고 섬기며 찬양하는 곳입니다. 선포되는 하나님의 말씀을 통해서 생명이 천하보다 귀하다는 존엄성을 듣는 곳입니다. 생명을 귀하게 알아 영원한 생명 앞에 경건하게 임하는 자세를 배우는 곳입니다. 구원에 이르는 지혜를 배우고 그 지혜를 얻는 곳입니다. 모세와 이스라엘 백성들이 광야의 성막교회에서 예배드릴 때 하나님은 구름으로 그들 가운데 나타나시어 그들과 함께 하셨습니다. 하나님은 솔로몬이 성전을 지어 하나님께 바치는 예배 가운데 임재하셨습니다. 하늘에서 불이 떨어져 하나님이 그들과 함께 하심을 보여주셨습니다. 주의 전에서 기도하는 성도들 가운데 하나님은 성령으로 찾아오시어 만나 주십니다. 오순절 마가 요한의 다락방에서 예배드리며 기도하는 성도들에게 성령으로 찾아와 만나 주셨습니다. 예배는 하나님을 만나는 축복입니다. 이 축복을 놓치면 안됩니다.

하나님은 우리의 예배를 원하십니다. 예배는 하나님이 제일 기뻐하시는 일이요, 예배 시간은 하나님이 가장 원하시는 시간입니다. 사람이 하나님 앞에 행할 수 있는 일 가운데 가장 귀한 일이 있다면 그것은 바로 예배입니다. 그러므로 성도는 무엇보다 예배에 성공해야 합니다. 마귀는 예배를 싫어하고 방해합니다. 왜냐하면 우리가 예배를 통해서 하나님을 만나는 것을 원하지 않기 때문입니다. 그래서 마귀는 에덴 동산에서 아담과 하와를 유혹하여 하나님을 만나지 못하게 했습니다.

하나님은 자기에게 예배하는 자들을 찾으십니다. 우리가 그저 주의 전에 나와서 예배드린다고 앉아만 있으면 하나님을 만날 수 없습니다. 신령과 진정으로 예배드릴 때 하나님을 만날 수 있습니다. 하나님의 백성인 우리가 거룩하신 하나님께 예배드리며 그분을 만난다는 것은 예수님을 통해서 하나님께 예배하는 것을 뜻합니다. 우리는 예수님의 십자가의 보혈의 공로를 힘입을 때 비로소 하나님께 나아갈 수 있습니다.

그리스도인이라고 자부하며 교회에 나와 예배드리는 사람은 많습니다. 그러나 신령과 진정으로 예배를 드리는 사람은 그 중에 얼마나 되겠습니까? 참으로 예배의 갱신이 필요한 때입니다. 예배의 갱신은 예배자가 철저하게 새로워지지 않으면 불가능합니다. 예배를 어떻게 드려야 하나님을 만날 수 있습니까? 우리의 인격과 신앙으로 드려져야 합니다.

어떤 분이 가까운 미래에 나타날 수 있는 예배에 대한 상황을 그려놓은 것이 있습니다. 주일 아침입니다. 남편, 아내, 자녀, 모두가 컴퓨터 앞에 모여 앉습니다.

남편: 자, 우리 주일예배를 드리자(전원을 켜고 인터넷 ○○교회 사이트로 들어간다. 거기에서 주일예배라고 쓰여진 곳을 클릭해서 그 날 말씀으로 나와 있는 곳을 찾아간다. 그리고 거기에서 설교 말씀을 다운받아 리얼 시스템으로 설교하시는 목사님의 설교를 생생하게 듣는다. 설교가 끝나자 다시 예배순서로 들어가 제시된 찬송가를 함께 부른다. 딸은 벌써 곁에서 졸고 있다. 친교실에 들어가서 잠시 교제의 시간을 갖는다)

아내: 여보, 기도제목이 많이 올라왔어요.

남편: 우리는 뭐라고 올릴까?(그 동안 궁금했던 여러 사람들의 소식을 훑어 본 다음 초기 화면으로 복귀하려고 한다. 그때 남편이 무엇을 빠뜨렸는지 다시 마우스를 잡았다.)

남편: 참, 헌금하는 걸 잊을 뻔했네(그리고 온라인 계좌를 클릭해서 헌금을 하고는 그 날의 모든 예배를 마쳤다).

이것이 진정한 예배입니까? 이런 예배를 통하여 하나님을 만날 수 있겠습니까? 우리가 하나님을 만날 수 있는 예배는 '신령과 진정'으로 드리는 예배입니다. 우리는 스스로에게 물어보아야 합니다. 하나님께서 기뻐하시는 예배는 어떤 예배입니까? 참된 예배에 대해 우리는 늘 고민해야 합니다. 진정한 예배는 인생에서 가장 중요합니다. 예배는 모든 것의 시작입니다. 예배는 하나님과의 만남입니다. 이것이 선행되지 않는 예배는 능력도 없고 은혜도 없고 우리의 삶을 변화시키지도 못합니다. 우리의 예배는 형식적이 아닌 진정한 예배이어야 합니다.

하나님 앞에 온전히 드리는 예배를 위해 다음과 같은 요소를 명심해야 합니다. 우리는 하나님을 만나야 합니다. 우리는 예배하기 위해서 일주일을 삽니다. 일주일을 살기 위해 하루를 하나님 앞에 예배합니다. 무엇보다도 예배와 설교를 통한 하나님과의 만남을 위해 간절히 기도하십시오. 하나님 앞에 도움을 구하고 거룩한 만남이 있는 예배가 되게 해달라고 애타게 기도하십시오. 이러한 간구와 기도 없이 단지 예배에 나와서 은혜로운 설교를 듣기 원한다면, 그것은 하나님이 아니라 설교자를 의지하는 것입니다. 예배의 수준을 능가하는 삶도 없고 삶을 능가하는 예배도 없습니다. 예배는 삶 안에 갇히고 삶은 예배 안에 묶입니다. 하나님께서는 모든 예배하는 자들을 찾으시는 것이 아닙니다. 하나님께서는 이 시간도 온 땅을 두루 감찰하시며 마음을 다하여 하나님을 찾는 자들을 찾으십니다. 그들에게 거룩한 만남을 주시고 하나님이 살아 계심을 경험하게 하십니다. 예배 속에서 하나님을 만난 성도들은 예배의 거룩함을 아는 사람들입니다. 그들은 예배자의 가장 큰 제물이 하나님을 향한 상한 마음이며, 자신의 죄를 참회하는 심령이라는 사실을 아는 사람들입니다. 시냇물을 찾기에 목마른 사슴과 같이 예배 가운데 하나님을 만나길 사모하고 그리워하는 성도들이 되십시오. 예배 가운데 하나님을 만나지 못하는 것이 영혼의 커다란 재앙이 되는 것처럼, 그렇게 안타까운 마음으로 예배가운데 임재해 주시기를 갈망하고 기대하는 우리가 되어야 합니다. 하나님은 '이렇게' 예배하는 자들을 찾으십니다. 예배를 통하여 우리는 하나님을 만납니다. 그리고 변화됩니다.

그러므로 우리는,

1) 예배를 아주 철저히 준비해야 합니다

① 몸을 준비해야 합니다: 주일 예배는 토요일부터 시작됩니다. 일찍 잠자리에 들어야 합니다. 내일 쉰다는 자유로움 때문에 자정을 넘기면 피곤하게 되어 살아있는 예배를 방해하게 됩니다. 토요일은 예비일입니다. 충분한 휴식에도 불구하고 졸리면 영적인 문제이므로 기도해야 합니다. 그리고 가능하면

새 옷으로 깨끗하게 차려입고 교회당에 일찍 나오십시오.

② 마음을 준비해야 합니다: 예배에 기대하는 마음으로 나오십시오. 지치고 곤고한 나의 영혼을 어떻게 어루만져 주실까를 기대하십시오. 적어도 초등학교 시절에 소풍가기 전날만큼의 설레임은 필요합니다. 하나님을 만나러 가는데 어찌 기대가 없겠습니까?

③ 예물을 준비해야 합니다: 예배를 성립시키는 예물을 준비하십시오. 주정헌금을 미리 준비하십시오. 즉흥헌금이나 준비되지 않은 용돈식 헌금은 하나님 앞에 드려지지 못합니다. 하나님은 이런 준비되지 않은 헌금은 거절하십니다. 성공적인 예배, 하나님이 받으시는 예배는 철저한 준비에서 비롯됩니다.

2) 적극적으로 참여해야 합니다

예배는 보러오는 것이 아닙니다. 예배는 구경거리가 아닙니다. 예배를 통해 어떻게든 살아 계신 하나님, 나를 구원해 주신 하나님을 만나야 합니다. 예배학의 권위자인 알멘 교수는 말하기를 "진정한 예배는 그리스도와의 만남의 사건이 일어나야 한다."고 했습니다. 다른 것은 몰라도 예배를 통해 하나님을 만나지 못한다면 큰 일입니다. 그 어떤 것보다 하나님을 만나는 축복은 큰 것입니다. 만남은 중요합니다. 특히 하나님과의 만남은 더욱 더 그렇습니다. 인격체가 계속 만나면 서로 닮아

갑니다. 하나님과의 인격적인 만남이 없다면 진정한 예배가 아닙니다. 추상적인 고백과 막연한 망상은 의미가 없습니다. 이런 사건이 일어나려면 적극적인 자세가 필요합니다. 수동적이 아니라 능동적으로 참여하십시오. 설교자를 주목하고 민감하게 반응하십시오. 표정도 움직이고, 선포되는 말씀에 '아멘'으로 화답하십시오. 그리고 감동이 되면 눈물도 흘리십시오. 오늘날은 '손수건이 없는 예배', 통회할 줄 모르는 사람들이 너무 많습니다.

3) 깨달음대로 실천해야 합니다

예배의 최종 목적은 생활 예배자로 나아가는 데 있습니다. 즉 성전에 머물지 말고 삶의 자리에서 실천하는 사람을 만드는 것입니다. 다시 말하면 몸으로 산 제사를 드리는 자로 살아야 합니다(롬 12:1). 하나님은 진정 이런 예배를 받으시기를 원하십니다. 신앙고백대로 사는 것입니다. 이 시대에 정말 필요한 것은 순종입니다. 감동 받은 만큼 행해야 합니다. 예배시간에 받은 힘으로 생활의 현장에서 승리해야 합니다. 이 삶의 예배를 망각한다면 그가 다음에 드리는 정규예배도 위선으로 흐르고 말 것입니다. 가인과 아벨의 예배에서 하나님이 아벨의 예배는 받으셨지만 가인의 예배가 거절된 것은 제물 때문이 아닙니다. 그것은 가인 자체가 하나님께 삶의 예배자로서 거절되었기 때문입니다(창 4:4-5).

우리는 주의 전에 나와 예배를 드림으로 하나님을 만나는 축복을 받고, 늘 감격하고, 은혜를 충만히 받는 주의 전에 거하는 자의 삶을 살아가는 성도가 됩시다.

2. 찬송하는 축복을 받습니다

"주의 집에 거하는 자가 복이 있나이다 저희가 항상 주를 찬송하리이다"(시 84:4)

주의 집에 거하는 자는 찬송하는 생활을 합니다. 오늘 본문 4절에서는 '주의 집에 거하는 자가 복이 있다'고 말씀합니다. 또 그 집이 복된 것은 4절 하반절 말씀처럼 항상 주를 찬송하기 때문입니다. 여기서 '항상'이라고 번역된 '오드'(עוֹד)는 '아직도'란 뜻입니다. 주의 전에 거하는 자, 즉 예배자는 비록 힘들고 어려운 때에라도 찬송한다는 뜻입니다. 그런 사람이 복된 사람입니다. 믿음의 사람 다윗은 평생 찬송하는 축복을 받았습니다. 시편 중에 많은 찬양이 다윗의 찬양입니다. 그것은 다윗이 누구보다도 주의 전에서 예배드리는 생활을 했기 때문입니다. 예배하는 자는 찬송하는 축복을 받습니다.

예배드리는 자는 찬송하는 복을 가진 자입니다. 힘들고 어려운 중에서도 주를 찬송하는 그 자체가 복입니다. 바울과 실라가 복음을 전하다 빌립보 감옥에 갇혔지만 그들은 밤중에 하나님께 기도하며 찬양을 드렸습니다. 비록 고통스런 환경에 빠졌어도 그들은 하나님을 찬송했습니다. 바울과 실라가 옥중에서도 찬송할 수 있었던 것은 어느 곳에서나 주님이 함께 계심을 믿고 그곳을 주의 전으로 삼고 예배할 수 있는 믿음이 있었기 때문입니다. 찬양할 때 하나님의 능력이 나타났습니다. 찬양할 때 지진이 일어나 옥문이 다 열리고, 그 일로 복음을 전하고, 빌립보 간수의 가족이 다 예수를 믿어 구원받는 역사가 일어났습니다. 믿음이 있으면 감옥도 가정이 될 수 있지만 믿음이 없으면 가정도 감옥이 될 수 있습니다. 모든 재산이 순식간에 사라지고, 자녀들마저 한꺼번에 죽어버리는 엄청난 재난을 당한 욥은 그 어려운 환경에서도 주님을 찬양했습니다. "가로되 내가 모태에서 적신이 나왔사온즉 또한 적신이 그리로 돌아가올지라 주신 자도 여호와시요 취하신 자도 여호와시오니 여호와의 이름이 찬송을 받으실지니이다"(욥 1:21)

한 장로님이 사업이 잘 될 때는 교회당에 드나들기를 나그네 드나들 듯했습니다. 그러던 장로님의 사업이 부도가 났습니다. 채권자들이 달려들어 냉장고, TV, 심지어 장판까지 다 가져갔습니다. 장로님은 갈 곳이 없어서 부천의 어느 지하방을 얻어 사글세로 들어갔는데 방이 추워서 견딜 수가 없었습니다. 그래서 기도원으로 들어가 예배를 드리는 중에 은혜를 받앉습니다. "주 안에 있는 나에게 딴 근심 있으랴 십자가 밑에 나아가 내 짐을 풀었네" 이 찬송을 부르는 중에 심령이 깨어졌습니다. 얼마나 은혜가 되었는지 눈물을 쏟아 부었습니다. 지금까지는 한 번도 하나님의 은혜에 대해서 감격한 적이 없었는데 집에서 쫓겨나면서 하나님의 전이 자기의 집이 되었습니다. 성전에 앉아 있는데 한없는 은혜가 넘쳤습니다. 빚쟁이도 오지 않고 전화도 오지 않았습니다. 전날의 교만이 변하여 겸손이 되었고 전날의 허영이 변하여 은혜가 되었습니다. "부도 잘 났다. 내가 거들먹거리면서 하나님의 은혜 없이 물질을 탐욕으로 배를 하나님 삼았는데 이제 하나님의 은혜로 채우는구나!' 그래서 그가 부른 유명한 노래가 있습니다. "피난처 있으니 환난을 당한 자 이리 오라" 주의 전에 거하는 성도는 어떤 환경에서도 찬송할 수 있는 축복을 받습니다. 그러므로 우리는 열심히 예배자의 삶을 살아야 합니다.

조니 에릭슨이라는 미국 여성이 있습니다. 10대 시절에 미국 메릴랜드의 체스픽 베이라는 강에서 다이빙을 하다가 잘못되어 전신마비로 눕게 되었습니다. 그녀는 하나님을 믿는 그리스도인이었지만 이러한 시련을 감당할 만한 믿음이 없었습니다. 처음에는 절망하고 하나님을 원망할 수밖에 없었습니다. 그러던 어느 날 기도할 생각이 났습니다. 그녀는 "내가 이런 몸이라도 쓰임 받을수만 있다면 하나님을 원망하지 않고 찬양하며 살겠습니다." 하고 기도했습니다. 하나님은 그녀에게 용기를 주셨습니다. 생각해보니 자신의 입술은 움직일 수 있다는 것을 생각해 내었습니다. 그녀는 입술에 연필을 물고 그림을 그리기 시작했습니다. 그녀의 그림이 점점 알려지기 시작하자 유명한 볼펜회사에서 광고 모델을 제의했습니다. 그녀는 자신이 나오는 모든 광고 아래에 영어로 'P.T.L' 이란 글자를 삽입하기로 합의했습니다. 그 뜻은 'Praise The Lord' (주님을 찬양하라)입니다. 그 후 그녀는 복음 전도자로, 장애인을 위한 인권 운동가로, 미국 사회에 강력한 영향을 끼치는 지도자로 떠오르게 되었습니다. 그녀는 찬양의 축복을 받았습니다.

역경이 올 때 원망 대신에 노래하시기 바랍니다. 고난이 올 때 불평 대신에 찬송하시기 바랍니다. 찬송하는 자에게는 반드시 승리가 있습니다. 우리가 주의 전에 거하기를 힘쓰는 예배자가 될 때 우리는 주님을 찬양하는 축복을 받습니다. 예배를 잃어버리면 찬송도 잃어버리기 쉽습니다.

찬송을 잃지 않는다면 아무리 큰 고난 가운데 있을지라도 이미 승리한 것입니다. 반면에 찬송을 잃어 버렸다면 그 때가 가장 위험한 때입니다. 가장 큰 위기는 찬송이 사라졌을 때입니다. 그러므로 어떠한 환경 가운데 처했다 할지라도 찬송을 잃지 않도록 해야 합니다. 찬송과 생활은 일치해야 가능합니다. 왜냐하면 하나님은 찬송가를 원하시는 것이 아니라 찬송하는 사람과 그의 삶을 원하시기 때문입니다. 찬송은 취미나 선택 사항이 아닙니다. 찬송은 믿음의 꽃이요, 믿음의 증거입니다.

한해 동안 주의 전에 거하는 예배자로서 찬송의 능력과 축복을 체험하시길 기원합니다. 그러므로 주의 전에 거하자는,

3. 주의 집을 사모해야 합니다

> "만군의 여호와여 주의 장막이 어찌 그리 사랑스러운지요 내 영혼이 여호와의 궁정을 사모하여 쇠약함이여 내 마음과 육체가 생존하시는 하나님께 부르짖나이다 나의 왕 나의 하나님 만군의 여호와여 주의 제단에서 참새도 제 집을 얻고 제비도 새끼 둘 보금자리를 얻었나이다"(시 84:1-3)

이스라엘 민족은 3대 절기인 유월절, 맥추절, 초막절을 지키기 위해 절기마다 하나님의 성전이 있는 예루살렘으로 모여들었습니다. 예루살렘으로 가는 길과 집으로 돌아가는 길은 여러 날이 걸립니다. 절기를 한 번 지키려면 거의 한 달 정도가 걸렸다고 합니다. 이스라엘 민족은 이러한 절기를 1년에 세 번씩이나 지켰습니다. 그뿐 아니라 매주 안식일도 지킵니다. 또 매 달 첫날에는 월삭을 지킵니다. 이와 같이 이스라엘 민족은 하나님의 절기를 지키며 살았습니다. 다시 말하면 예배를 사모하며 살았습니다.

본 시편의 시인은 주의 집을 사모하며 주의 집에 거하는 자가 얼마나 행복한가에 대해 성전의 처마 끝에 보금자리를 만

들어 살고 있는 참새나 제비가 부럽다고까지 표현합니다. 참새나 제비들이 마음대로 날아서 하나님의 성전에 들어가 보금자리를 만들어 사는 것을 부러워하고 있습니다. 참새나 제비는 작고 작은 새들입니다. 그런데도 사람이 가까이 갈 수 없는 성전 처마 끝에 집을 짓고 아무에게도 방해를 받지 않고 새끼를 기르고 있습니다. 성전 처마 끝에 있는 참새집이나 제비집은 안심하고 안주할 수 있는 곳입니다. 안전하게 새끼를 보호하며 키울 수 있는 행복한 집입니다. 그리고 참새나 제비들도 마음으로부터의 예배와 찬미의 소리를 바치며 지저귈 수 있는 제단입니다. 그래서 시편 시인은 작고 약한 인간, 더욱이 죄가 많은 비천한 사람이라 할지라도 죄를 회개하고 하나님을 믿기만 하면 하나님의 품속에 집을 짓고 하나님과 함께 살 수 있다는 행복을 발견하고 소리 높여 노래하고 있습니다.

성경의 인물 가운데 가장 신앙적인 사람 하면 다윗을 들 수 있습니다. 다윗은 목동의 신분에서 한 나라의 왕이 된 사람입니다. 더욱이 흩어진 이스라엘의 12지파가 하나님을 경외하는 신앙을 회복하여 하나의 민족 공동체로 통일시키는데 공헌한 위대한 사람이기도 합니다. 그런 다윗에게 단 한 가지 평생 소원이 있었습니다. 시편 27편 4절에 보면 "내가 여호와께 청하였던 한 가지 일 곧 그것을 구하리니 곧 나로 내 생전에 여호와의 집에 거하여 여호와의 아름다움을 앙망하며 그 전에서 사모하게 하실 것이라"고 말합니다. 다윗 왕은 둘째 아들 압살롬

이 반란을 일으켜서 맨발로 예루살렘을 떠나 요단강을 건너 마하나임으로 피신했습니다. 궁궐을 멀리 떠나다보니 너무나 비참하고 어려운 생활을 하게 되었습니다. 그런데 이때 그가 사모한 것은 궁궐이 아니라 '여호와의 궁정'이었습니다. "아, 참새도 주의 제단을 마음대로 드나들고 제비도 주의 장막에 둥지를 트는데 나는 어찌하여 이렇게 멀리 떠나와 있는고" 하며 주님의 집을 그리워하고 있습니다.

다윗처럼 우리의 한 가지 소원은 주의 집에 거하여 주의 아름다움을 앙망하는 것이어야 합니다. 다윗은 '주의 집에서 하루를 사는 것이 다른 곳에서 천 날을 사는 것보다 낫다'고 고백합니다. 우리도 주의 집에 가는 자, 주의 집에 사는 자, 주의 집에서 봉사하는 자가 되기를 사모해야 합니다.

누가복음 2장에 보면, 예수님께서 열두 살 되었을 때에 부모와 함께 유월절을 지키러 예루살렘으로 올라가셨습니다. 유월절 절기의 관례에 따라 절기를 지키고 집으로 돌아올 때에 예수님은 그대로 예루살렘에 머무셨습니다. 나중에 이 사실을 알게 된 부모들이 예수님을 찾아 다시 예루살렘에 올라갔더니, 예수님은 성전에서 랍비들과 함께 듣기도 하시며 묻기도 하시며 지혜롭게 대답도 하시었습니다. 이와 같은 광경을 목격한 부모들이 놀라 소년 예수님께 물었습니다. "어찌하여 너는 여기에 머물러 있었느냐?" 이 때에 예수님께서 대답하셨습니다. "내가 내 아버지 집에 있어야 될 줄을 알지 못하였나이까?' 우리 예수님도 주의 전을 사모하는 삶을 살았습니다.

어떤 교인은 주일 낮 예배, 주일 밤 예배, 수요 예배, 금요밤 기도회, 구역 성경공부, 제자훈련, 전도폭발, 새벽 기도회, 전도 특공대, 교회 봉사 등 일일이 나오다 보면 '언제 세상을 살아가느냐'고 묻습니다. 그러나 우리는 세상을 사는데 목적이 있는 것이 아니라 하나님의 영광을 위하여 살아가야 할 존재들입니다.

어떤 성도는 무엇이 그리 바쁜지, 계속 시계를 보며 예배가 빨리 끝나기만을 기다리다가 축도를 마치기도 전에 뛰쳐나갑니다. 내가 무엇 때문에 바빠야 하는지를 잘 알아야 합니다. 우리가 아무리 바빠도 하나님께로 가야 합니다. 아무리 열심히, 그리고 아무리 바쁘게 살아도 하나님이 없는 길로 가면 안됩니다. 하나님을 멀리하고 헛된 일에 바쁘면 위험합니다.

올 한해는 하나님께 나오는 일에 바쁜 해가 됩시다. 예배드리는 일에 바쁜 한해가 됩시다. 하나님의 전을 사모하여 매일 하루에 한 번씩 하나님의 전을 찾아 방문하는 바쁜 한해를 보냅시다. 매번 예배에 참여하든지, 새벽 기도회에 참여하든지, 24시간 릴레이 기도에 참여하든지, 각 기관 모임에 참여하든지, 교회 봉사에 참여하든지, 심방에 참여하든지, 전도에 참여하든지, 서로 사랑하며 구제하는 일에 참여하든지, 어떻게든 바쁘게 사는 것이 행복한 한해를 보냅시다.

요셉 게이보는 체코슬로바키아에서 목회 활동을 하는 사람입니다. 그는 종교를 멸시하는 공산 체제 속에서 신앙생활을 해야 했습니다. 그의 아버지는 학교에서 공산주의 사상을 가르치는 교사였으며, 어머니는 예수님을 믿는 분이었습니다. 요셉은 주일마다 아침 일찍 일어나 어머니와 함께 기차로 3시간 거리에 있는 교회에 가서 예배를 드렸습니다. 요셉의 신앙은 어머니의 손을 잡고 기차로 3시간 거리에 있는 교회에 다니면서 굳게 다져지게 되었습니다.

쓸데없는 것들로 바쁘게 보낸 인생은 후회만 남는다는 것을 우리는 알아야 합니다.

유명한 나폴레옹이 전 세계를 정복해서 '내 사전에 불가능은 없다'는 정신으로 살았습니다. 그런 그에게도 실패는 있었습니다. 그가 전쟁에서 패배하고 세인트 헬레나 섬에 유배되어 있을 때 한 기자가 그에게 찾아가서 물었습니다. "폐하, 폐하가 지금까지 살아오면서 가장 행복했던 순간을 말씀해 보십시오." 그때 나폴레옹은 눈을 지그시 감고 옛날을 회상하는 듯 두 눈가에 눈물을 적시며 입을 열었습니다. "내가 지금으로부터 수십 년 전에 알프스산맥을 넘어 전투가 치열할 때입니다. 어느 주일 아침에 종소리가 들리는 곳을 향했는데 마침 조그마한 시골교회에서 예배를 드리기에 나도 철모를 벗고 예배를 드렸습니다. 그때 나는 찬양대의 찬양소리를 들으면서 하늘로부터 내려오는 신비한 은혜에 감격하여 눈물을 하염없이 흘렸습니다. 그 순간이 내 평생에 지울 수 없는 감격과 환희와 행복으로 남아 있습니다."

 주의 집에 거하는 자가 복이 있습니다. 주의 집에 거하는 자는 찬송하는 축복을 받습니다. 우리는 주의 집을 사모해야 합니다. 한해 동안, 아니 우리의 평생 주의 전에 거함으로 하나님의 축복을 소유하며 행복한 신앙생활을 하시길 기원합니다. 아멘.

새로운 부흥의 비전을 가집시다

요한복음 21:15-19

> ¹⁵그들이 조반 먹은 후에 예수께서 시몬 베드로에게 이르시되 요한의 아들 시몬아 네가 이 사람들보다 나를 더 사랑하느냐 하시니 이르되 주님 그러하나이다 내가 주님을 사랑하는 줄 주님께서 아시나이다 이르시되 내 어린 양을 먹이라 하시고 ¹⁶또 두 번째 이르시되 요한의 아들 시몬아 네가 나를 사랑하느냐 하시니 이르되 주님 그러하나이다 내가 주님을 사랑하는 줄 주님께서 아시나이다 이르시되 내 양을 치라 하시고 ¹⁷세 번째 이르시되 요한의 아들 시몬아 네가 나를 사랑하느냐 하시니 주께서 세 번째 네가 나를 사랑하느냐 하시므로 베드로가 근심하여 이르되 주님 모든 것을 아시오매 내가 주님을 사랑하는 줄을 주님께서 아시나이다 예수께서 이르시되 내 양을 먹이라 ¹⁸내가 진실로 진실로 네게 이르노니 네가 젊어서는 스스로 띠 띠고 원하는 곳으로 다녔거니와 늙어서는 네 팔을 벌리리니 남이 네게 띠 띠우고 원하지 아니하는 곳으로 데려가리라 ¹⁹이 말씀을 하심은 베드로가 어떠한 죽음으로 하나님께 영광을 돌릴 것을 가리키심이러라 이 말씀을 하시고 베드로에게 이르시되 나를 따르라 하시니

새해 첫 시간입니다. 이제 새로운 한해를 출발했습니다. 역사는 멈추지 않습니다. 지난 한해를 돌아보니 아쉬운 것과 후회되고 실패한 것이 많았습니다. 그러나 우리는 다시 시작해야 합니다. 왜냐하면 역사는 멈추지 않기 때문입니다. 이제 우리는 새로운 꿈과 비전을 가지고 시작해야 합니다. 새로운 부흥을 꿈꾸며 시작해야 합니다. 꿈을 가진 자는 다시 일어설 수 있습니다.

우리는 본문 말씀을 통해 예수님의 사랑했던 제자 베드로가 어떻게 새로운 비전을 회복하고 성공적인 믿음의 길을 걸어갔는가를 살펴보고자 합니다.

자동차 왕 포드가 어릴 때에 어머니가 급한 병으로 위독하게 되었습니다. 포드가 말(馬)을 타고 의사를 모시러 달렸으나 아무리 빨리 달려도 뒷걸음질만 하는 것처럼 느껴졌습니다. 초조한 심정으로 의사를 모시고 돌아오니 어머니는 벌써 싸늘한 시신이 되어 있었습니다. 통곡을 한 포드는 말보다 더 빨리 달릴 수 있는 것을 만들어 급한 일에 사용되도록 해야겠다는 소원을 가지고 연구했습니다. 그 결과 오늘날과 같이 빨리 달릴 수 있는 자동차를 만들 수 있었습니다. 그는 초등학교에도 제대로 다니지 못했지만, 신념을 가지고 연구한 결과 자동차 왕으로 큰 재벌이 되었습니다. 포드 부부가 죽은 후 디트로이트에 기념관을 세웠는데 그 안의 포드 사진 아래에는 '꿈꾸는 자'(The Dreamer)라고 쓰여 있다고 합니다. 이와 같이 꿈과 소망을 가지고 노력하는 자는 아무리 어려운 일이라도 이루어 나갑니다.

베드로는 예수님을 세 번씩이나 부인하고 저주하고 떠난 사람입니다. 그는 실패자였습니다. 예수님께서 갈릴리 바다에서 처음으로 베드로를 만나시고 그를 제자로 부르셨을 때 "나를 따라 오너라 내가 너희로 사람을 낚는 어부가 되게 하리라"고 하셨습니다. 즉 '너는 사람들에게 복음을 전하여 하나님의 사람으로 변화시키는 일을 해야 한다'는 말씀입니다. 그래서 베드로는 그물을 버려 두고 예수님을 좇아갔습니다. 그것은 비전이었습니다. 사람을 낚는 어부는 하나님의 나라를 위해서 살아야 합니다. 그런데 베드로는 예수님을 부인하고 떠나버렸습니다. 그는 '나는 다시 옛날처럼 물고기를 잡겠다'고 말합니다. 베드로의 시간은 과거로 되돌아가고 있었던 것입니다.

그러나 오늘 성경 본문에는 베드로가 좌절과 절망을 극복하고 다시 재기하는 장면을 그리고 있습니다. 그는 새로운 비전과 부흥을 회복하고 있습니다. 베드로가 어떻게 재기할 수 있었습니까? 우리는 새로운 한해를 열면서 베드로처럼 꿈과 비전을 회복하고 부흥을 꿈꾸어야 합니다.

1. 새로운 부흥의 비전을 가질 수 있는 근거가 무엇입니까

그것은 주 예수 그리스도가 여전히 우리를 사랑하신다는 것입니다. 주님을 세 번이나 부인한 제자 베드로, 실패한 베드로를 주님이 다시 찾아오셨습니다. 그리고 사명을 주셨습니다.

> "저희가 조반 먹은 후에 예수께서 시몬 베드로에게 이르시되 요한의 아들 시몬아 네가 이 사람들보다 나를 더 사랑하느냐 하시니 가로되 주여 그러하외다 내가 주를 사랑하는 줄 주께서 아시나이다 가라사대 내 어린양을 먹이라 하시고"(요 21:15)

세 번이나 반복하여 사랑을 확인하신 후에 사명을 주셨습니다. 예수님의 사랑은 변함 없는 사랑입니다. 우리는 주님을 배반하나 주님은 언제나 변함이 없으십니다.

변함 없는 주님의 사랑이 있기에 우리는 다시 새로운 부흥을 기대하고 새로운 비전을 가질 수 있습니다. 실패한 사람에게서 재기의 의욕을 빼앗는 가장 무서운 것이 있다면 그것은 우리 주변 사람들의 냉소적 시선, 혹은 무관심이라 할 수 있습니다. 사람들은 더 이상 나에게 관심을 갖지 않습니다. 더러는 관심을 갖지만, 싸늘한 조롱과 냉소의 시선일 때 우리는 다시 일어설 수 있는 재기의 의욕을 잃어버립니다. 그러나 내가 아무리 실패하고 좌절해도 나를 붙드는 따뜻한 사랑의 시선이 곁에 있다면 얼마든지 다시 일어설 수 있습니다.

인간 승리의 모델로 알려진 강영우 박사를 기억하실 것입니다. 미국 노스이스턴 일리노이대 교수인 강영우(57) 박사가 미 정부의 차관보급인 교육부 산하 전국 장애인 자문 협회 의장에 발탁된 배경에는 부인 석은옥(58 · 본명:석경숙) 여사의 39년 간에 걸친 눈물겹고 헌신적인 내조가 있었습니다. 석 여사가 강 박사를 처음 만난 것은 숙명여대 영문과 1학년 때인 1961년이었습니다. 중학교 1학년 때 중도실명 한 뒤 어머니와 누나를 잃고 주위의 도움으로 뒤늦게 서울 맹아학교에 입학했던 강 박사는 당시 걸스카웃 활동을 하며 자원봉사로 책 읽기와 빨래를 도와주던 석 여사를 만났습니다. 누나와 동생으로 지내던 두 사람의 관계가 연인으로 발전한 것은 강 박사가 연세대에 입학하고, 석 여사는 1년 간 미국의 장애 재활교육 연수를 받고 오던 1968년도였습니다. "당시에 '신랑감 고르기 힘들면 본인에게 시집오라' 는 강 박사의 프로포즈가 이상하리만큼 가슴으로 다가왔어요. 누나라 해도 한 살 차이에다가 7년간 쌓아 온 우정이 사랑으로 변한 것이죠. 또 미국 연수를 통해 장애인에 대한 편견을 버릴 수 있었던 것도 결심하는데 한 요인이 됐어요." 당시 강 박사는 석 여사에게 의남매 관계를 청산하고 약혼자가 되는 의미로 석은옥이란 새로운 이름을 지어 주었습니다. 지금 당장은 고통스럽고 힘든 석(石)의 시대지만, 곧 은(銀)의 시대 옥(玉)의 시대가 온다는 의미였습니다. 두 사람은 서대문에 있던 순복음교회에서 성탄예배를 드리는 것으로 약혼식을 대신했습니다. 강 박사가 실명 후, 조용기 목사(당시 전도사)가 시무 했던 불광동 천막교회에 다녔던 것을 기억하여 그곳을 약혼 장소로 택했던 것입니다. 강 박사가 연세대를 졸업한 직후 결혼식을 올린 두 사람은 미국으로 유학을 떠났습니다. 이 때부터 석 여사는 강 박사의 눈과 손이 되어 뒷바라지를 시작했습니다. 석 여사는 강 박사가 박사학위를 받기까지 눈물로 기도하며 두 아들을 키웠습니다. 강 박사가 당시 하루 16시간을 공부에 집중할 수 있었던 것은 모두 석 여사 덕분이었습니다. 강 박사가 교수직을 얻은 후, 미 퍼듀대에서 초등교육학으로 석사학위를 받은 석 여사는 링컨공립학교 교사로 재직하며 다양한 사회 봉사활동을 펼쳐 미국 여성명사 인명사전에 이름이 오르기도 했습니다. 또한 두 아들은 미국 최고의 명문인 필립스 아카데미를 졸업하고 하버드와 시카고 대학을 거쳐 의사와 변호사로 훌륭하게 성장했습니다. 강 박사는 "오늘의 내가 있기까지는 아내의 도움과 기도가 없이는 불가능했다."고 말했습니다. 석 여사는 "하나님께서 부족한 나를 통해 남편이 하나님께 영광을 돌리고 가능성의 지표로 사용하심을 감사 드립니다. 앞으로도 남편이 귀한 직분을 잘 수행하도록 기도하며 도울 것"이라고 말했습니다.

강 박사의 둘째 아들이었던 진영이가 중학교에 1학년에 입학했을 때, "내가 가장 존경하는 사람으로 '마이클 조던' (농구천재)이라고 썼습니다. 그리고 중학교 3학년 때에는 내가 존경하는 사람은 마이클 조던이 아니라 '내 아버지' 라고 썼습니다. 좀더 시간이 흐른 후에는 나에게 만약 다시 한 번 똑같은 제목으로 글을 쓸 수 있는 기회가 주어진다면 나는 존경하는 사람이 또 바뀔 것 같습니다. 이번에는 틀림없이 '나의 어머니' 가 될 것 같습니다. 내가 좀더 철이 들면서 생각해 보니 우리 아버지가 그 어둡고 곤고한 시련의 기간을 견디고 일어설 수 있었던 가장 큰 원인을 가만히 관찰해 보니 그것은 엄마의 사랑이었습니다. 아빠를 변함 없이 사랑하며 격려해주고, 그 곁에 머물면서 아빠의 눈과 손발이 되었던 우리 엄마, 그러면서 우리를 훌륭하게 키워준 우리 어머니의 사랑 때문에 우리 아버지가 될 수가 있었기 때문입니다."라고 기록하고 있습니다.

사랑이 있다면 우리는 일어설 수가 있습니다. 사랑이 있으면 비전과 꿈을 다시 회복할 수 있습니다. 베드로에게 있어서 자신의 최대의 사랑은 주님이었습니다. 그러나 베드로는 그 실패의 원인이 자신에게 있었던 것은 사실이나 아마 주님도 자신을 버렸을 것이라고 생각했을 가능성이 많습니다. 자신의 죄책감 때문이었을 것입니다. 주님은 나 같은 제자는 더 이상 상대하지 않으실 것으로 생각했을 것입니다. 그런데 주님이 찾아오셨습니다. 주님이 도망가는 베드로를 찾아오셨습니다. 주님은 베드로를 향해서 변함 없는 사랑을 증명해 주셨습니다. 말씀으로만 한 것이 아니라 행동으로 하셨습니다.

주님은 바닷가에서 생선요리를 만들어 놓고 제자들을 기다리고 계셨습니다. 그리고 베드로를 향한 주님의 첫마디는 '조반 먹으라'는 말씀입니다. 그리고 조반 먹은 후에 예수께서 시몬 베드로에게 말씀하시기를 "네가 나를 아직도 사랑하느냐?"라고 말씀하셨습니다. 이 말씀의 진정한 의미는 '내가 너를 사랑한다'는 것입니다. "나는 여전히 너를 사랑한다. 그러면 너는 나를 아직도 사랑하느냐?"며 사랑을 확인하시는 말씀입니다. 그런데 세 번씩 사랑을 확인하시는 주님과의 대화에서 결론은 한 가지입니다. 그것은 주님은 여전히 베드로를 사랑하신다는 사실입니다. 이것이 베드로가 다시 일어날 수 있었던 동기입니다. 세상과 사람은 나를 버려도 내 인생의 주인 되시

새로운 부흥의 비전을 가집시다

는 예수님만은 나를 버리지 않으신다는 이 사실을 확인했을 때 그는 다시 일어날 수 있었습니다. 다시 새로운 비전과 꿈을 회복할 수 있었습니다. 실패한 제자 베드로를 찾아 디베랴 새벽바다에 오신 주님은 여전히 우리를 사랑하십니다. 그리고 우리를 찾아주시고 결코 우리를 떠나지 않으십니다. 그러므로 우리 주님이 우리를 사랑하신다는 이 사랑을 확신하고 다시 새로운 부흥의 비전을 가지고 새해를 출발합시다.

2. 새로운 비전은 무엇인가

주님이 주신 사명입니다.

> "또 두 번째 가라사대 요한의 아들 시몬아 네가 나를 사랑하느냐 하시니 가로되 주여 그러하외다 내가 주를 사랑하는 줄 주께서 아시나이다 가라사대 내 양을 치라 하시고 세 번째 가라사대 요한의 아들 시몬아 네가 나를 사랑하느냐 하시니 주께서 세 번째 네가 나를 사랑하느냐 하시므로 베드로가 근심하여 가로되 주여 모든 것을 아시오매 내가 주를 사랑하는 줄을 주께서 아시나이다 예수께서 가라사대 내 양을 먹이라"(요 21:16-17)

주님은 우리에게 사명을 주셨습니다. 이 사명이 바로 우리의 비전입니다. 주님은 제자 베드로에게 찾아와 변함 없는 사랑을 확인시켜 주셨을 뿐만 아니라 새로운 비전을 주셨습니다.

'네가 나를 사랑하느냐? 고 세 번씩 물으신 후에 '내 어린양을 먹이라' 고 세 번 부탁하셨습니다. 예수님이 제자 베드로를 처음 만나셨을 때 주신 사람 낚는 어부는 전도자의 사명입니다. 그러나 내 어린양을 먹이라는 것은 목자의 사명입니다. 전도가 아닌 양육의 사명입니다. 이것은 더 어려운 사명입니다. 처음 그를 부르셨을 때보다 훨씬 더 업그레이드 된 새로운 사명, 더 높은 차원의 사명을 베드로에게 주셨습니다. 여기 중요한 메시지가 있습니다. 주님은 우리의 실패 때문에 우리에게서 기대를 철회하지 않으신다는 사실입니다. 우리 하나님은 우리에게 두 번째 기회를 주시는 하나님이십니다. 요나가 니느웨로 가라는 하나님의 말씀을 거부하고 욥바로 도망가다가 풍랑치는 지중해로 던짐을 받았습니다. 그는 큰 물고기 뱃속에 들어가 그 안에서 삼일 삼야를 회개하고 부르짖을 때 주님은 그를 용서하시고 두 번째 기회를 주셨습니다. 한 번의 실패로 '나는 너와 일 없다' 고 말씀하시는 하나님이 아니라, 몇 번이고 기회를 주시고 또 기회를 주시는 하나님이십니다. 주님은 제자 베드로가 실패를 통해서 훌륭한 교훈을 얻었다고 판단하셨을 것입니다. 그래서 이제는 그에게 더 높은 과제와 더 높은 소명을 부여하신 것입니다. 우리 주님은 우리가 실패했다고 버리시는 주님이 아니라 다시 두 번째 기회를 주십니다. 더 높은 계획과 더 높은 소명과 더 높은 비전을 준비 하셨습니다. 베드로는 실패를 통해 더 유익한 사명을 받게 되었고 실패를 통해 새로운 비전을 가지게 되었습니다.

지금 전 세계에서 가장 화제를 일으키고 있는 것은 해리 포터의 이야기입니다. 저자 조앤 롤링에 대하여「해리 포터 시리즈」는 가난에서 부로 이어진 작가 조앤 K 롤링의 동화 같은 삶 때문에 더욱 화제가 되고 있습니다. 그녀의 이야기는 이 시리즈의 주인공 해리의 인생만큼이나 극적입니다. 1965년 7월, 영국 웨일스의 시골에서 태어난 작가 조앤 롤링은 2년 전까지만 해도 딸과 함께 궁핍하게 살아가는 무명의 작가 지망생에 지나지 않았습니다. 롤링은 대학 졸업 후 다발성 경화증을 앓고 있던 어머니가 돌아가시자 엉어강사를 하기 위해 포르투갈로 갑니다. 그곳에서 현지 기자와 결혼하지만 3년도 안되어 파경을 맞게 되었고, 생후 4개월 된 딸을 안고 여동생이 살고 있는 에든버러에 초라한 방 한 칸 짜리 아파트를 얻어 정착하게 됩니다. 그러나 그녀는 혼자 딸을 키우며 일자리를 구하지 못한 채 3년 남짓 주당 69파운드의 생활 보조금으로 간신히 살아가야 했습니다. 넝마 시트로 덮인 침대 하나가 퀴퀴한 방을 다 차지하고 있는 어두컴컴한 아파트에서 혹한과 찜통 더위를 견뎌야 했으며, 보조금이 떨어져 아이가 보챌 때는 어린 딸을 굶기지 않기 위해 맹물로 우유를 대신하기도 했습니다. 자신의 눈물방울이 섞인 물을 젖처럼 빨아대는 아이를 보며 그녀는 이를 악물었습니다. 스물 아홉이라는 젊은 나이에 생활 보조금으로 연명하며, 자존심까지 내팽개쳐야 하는 자신의 상황에

굴욕감을 느꼈습니다. 그녀는 오래 전 맨체스터에서 런던으로 가는 기차간에서 생각해냈던 해리 포터 이야기를 쓰기로 결심하고 미친 듯이 글을 쓰기에 매달렸습니다. 그녀는 매일 아침마다 춥고 초라한 아파트를 나와 딸 제시카를 유모차에 태워 공원으로 갔고, 해리 포터 이야기의 줄거리를 구상하며 이리저리 걸어다니곤 했습니다. 그리고는 아이가 잠들면 탁자와 의자가 있는 가장 가까운 곳으로 달려가곤 했습니다. 아이가 잠든 동안에만 글을 쓸 수 있었으므로 1분 1초가 소중했습니다. 그녀는 한 잔의 커피로 몇 시간이고 머물 수 있는 니콜슨이라는 카페를 가장 좋아했습니다. 그리고 저녁 시간에는 일단 제시카가 잠들고 나면 지쳐 쓰러질 때까지 글을 썼습니다. 1996년 6월, 그녀는 마침내 원고를 완성했습니다. 그러나 복사비가 없었던 그녀는 낡은 타자기로 2부를 찍어 도서관 연감에서 고른 런던의 두 에이전트에게 보냈습니다. 그러나 첫 번째 에이전트는 실망스럽게도 어린이 책으로는 80,000자 원고가 너무 길다며 원고를 돌려보냈습니다. 그러나 그녀가 시도한 두 번째 에이전트는 독점계약을 바란다는 반가운 답장을 보내왔고 블룸스베리 출판사를 알선해 주었습니다. 그녀는 그 출판사로부터 2,500파운드의 선금을 받게 되었습니다. 그러나 그것은 시작에 불과했습니다. 미국의 한 출판사는 저작료로 100,000파운드를 지불하는 등 아동도서로는 전례가 없는 파격적인 대우를 받았으며, 책이 출간된 후에는 돈과 명성을 동시에 거머쥐는 일약 신데렐라의 주인공이 되었습니다.

  인생을 망친 것은 실패가 아닙니다. 꿈을 잃어버리는 것은 비전의 상실입니다. 낙심에 빠졌던 베드로를 다시 일으켜 세우신 것은 주님이 주시는 새로운 비전이요 꿈이었습니다. 그는 실패를 경험했지만 사랑하시는 주님이 그에게 새롭게 주신, '내 양을 먹이라' 는 이 사명으로 다시 일어났습니다. 주님은 우리를 향한 기대를 가지고 계십니다. 우리에게는 주께서 주신 사명이 있습니다. 주님은 여전히 우리를 사랑하십니다. 우리에게는 주께서 주신 사명과 주님을 사랑하고 영혼을 사랑하며 교회를 사랑하는 이 비전으로 다시 일어서기를 바라십니다. 주님은 우리가 다시 부흥되기를 원하십니다. 우리의 가정이 부흥되길 원하십니다. 우리 교회가 다시 부흥되길 원하십니다. 우리 모두 주님이 주시는 그 사명으로 다시 비전을 회복하고 다시 일어서는 성도가 되시길 바랍니다.

3. 새로운 부흥의 비전은 순종함으로 완성할 수 있습니다

  여기는 희생이 따릅니다. 우리의 꿈과 비전이 회복되었다는 사실만으로 모든 것이 다 이루어지는 것은 아닙니다. 이제 우리에게 주신 그 비전을 어떻게 완성할 수 있습니까? 이것이 비전을 가진 우리의 중요한 과제입니다.

오늘 본문에 보면, 마지막으로 베드로에게 중요한 명령이 주어집니다. 주님은 베드로에게 말씀하십니다. "내가 진실로 진실로 네게 이르노니 젊어서는 네가 스스로 띠 띠고 원하는 곳으로 다녔거니와 늙어서는 네 팔을 벌리리니 남이 네게 띠 띠우고 원치 아니하는 곳으로 데려가리라 이 말씀을 하심은 베드로가 어떠한 죽음으로 하나님께 영광을 돌릴 것을 가리키심이러라 이 말씀을 하시고 베드로에게 이르시되 나를 따르라 하시니"(요 21:18-19)

사실 '나를 따르라' 는 명령은 예수님이 갈릴리 바다에서 베드로와 안드레 형제를 처음 만났을 때 주셨던 명령입니다. 그런데 베드로를 회복시켜 주시고 새로운 비전을 보게 하시면서 또다시 명령하십니다. '나를 따라 오라' 는 말씀은 처음이 아니라 시시때때로 주신 말씀입니다. 주님의 요구는 항상 주님을 따라 오라는 것입니다. 이 길은 어려운 길입니다. 그래서 베드로가 세 번이나 주님을 모른다고 부인하는 실패를 경험하기까지 했습니다. 처음에는 자신 있게 대답을 했습니다. "주님, 염려마십시오. 저는 주님을 위해서 옥에도 가고 죽을 준비도 다 되어 있습니다." 아주 자신만만하고 당당하게 대답을 했습니다. 그러나 자신만만하던 베드로는 잠시 후에 넘어졌습니다. 그런데 주님은 다시 베드로에게 대답을 요구하십니다. 그때 베드로가 어떻게 대답합니까? "제가 주님을 사랑하는 줄 주께서 아시지 않습니까?' 베드로는 더 이상 자신할 수 없었습니다. 자신이 할 수 없기 때문에 그는 겸손히 무릎 꿇고 주님을 의지할 수밖에 없었습니다. 이것이 중요합니다. 주님을 따르는 길은 힘든 고난의 길입니다. 그러나 이 고난의 길을 따라갈 때 비전이 완성됩니다. 순종하고 나아갈 때 새로운 부흥의 비전이 이루어집니다.

주님은 베드로에게 그의 생애 마지막에 펼쳐질 광경을 보여주십니다. "내가 진실로 진실로 네게 이르노니 젊어서는 네가 스스로 띠 띠고 원하는 곳으로 다녔거니와 늙어서는 네 팔을 벌리리니 남이 네게 띠 띠우고 원치 아니하는 곳으로 데려가리라"(요 21:18) 여기서 중요한 두 가지 대조적인 단어가 있습니다. "젊어서는 네가 네 마음대로 다녔다. 네 충동대로, 네 본능대로, 네 느낌대로, 네 마음대로 살았지. 네 마음대로 살다가 네 마음대로 넘어졌다. 그러나 늙어서는 네 마음대로 살 수 없도록 내가 네 인생 속에 들어가 너를 꽉 붙잡으마. 내가 억지로라도 붙잡으마. 그리고 네 인생의 마지막이 승리가 되도록 간섭할 것이다."란 말씀입니다. "이 말씀을 하심은 베드로가 어떠한 죽음으로 하나님께 영광을 돌릴 것을 가리키심이러라"(요 21:19) 이 말씀은 베드로의 마지막이 영광이 되도록, 그 마지막이 승리가 될 수 있도록 주께서 강권적으로 간섭하시겠다는 말씀입니다. 그러므로 '네가 나에게 순종을 결단하고 나를 따라 오라'는 말씀입니다. 우리가 이 비전을 이루기 위해서는 새로운 각오, 어떤 대가를 지불하고서라도 기꺼이 겸손하게 주님의 능력을 의지하면서 따라가겠다는 각오와 결단이 필요합니다.

우리는 알아야 합니다. 주님의 비전을 이루어 가길 원하는 사람에게 주님은 엄숙한 책임을 요구하십니다. 주님의 교회의 부흥과 비전을 이루어가야 할 직분자들과 모든 성도들에게 주님은 순종하며 따를 것을 요구하십니다. 비전을 이루시는 분은 하나님이십니다. 우리의 꿈과 비전을 완성시키시고 부흥을 이루시는 분은 주 하나님이십니다. 그러므로 이제 우리는 그분에게 순종해야 합니다. 고난도 각오해야 합니다. 이때 새로운 부흥의 비전은 이루어질 것입니다. 문제는 우리 자신을 드릴 준비가 되었느냐입니다. 시몬 베드로는 변했습니다. 그리고 하나님은 그를 다시 쓰시되 놀랍게 쓰셨습니다. 잠시 후 오순절에 부흥운동이 폭발했을 때, 이 부흥운동의 한가운데 베드로가 서 있었습니다. 그가 설교할 때 하루에 3천 명이 회개하고 예수를 믿고 세례 받는 역사가 일어났습니다. 그 부흥의 주역에 하나님이 쓰신 사람이 바로 베드로였습니다. 베드로는 새로운 부흥의 비전을 주님으로부터 받았고 순종함으로 그는 이루었습니다.

문제는 우리의 자세입니다. 우리도 새로운 비전을 가지고 출발합시다. 이제는 우리의 자세를 바꾸어야 합니다. 부정적인 사고에서 긍정적인 믿음의 사고로 바꾸어야 합니다. 모든 일에 대해서 긍정적인 태도와 적극적인 자세로 임하는 것은 무엇보다 중요합니다.

그리고 중요한 것은 출발선이 아니라 도착 지점입니다. 프랭클린 D. 루즈벨트, 윈스턴 처칠 경, 클라라 바턴(미국 간호사, 1882년 미국 적십자사 창립), 헬렌 켈러, 마하트마 간디, 테레사 수녀, 알버트 슈바이처 박사, 마틴 루터 킹 목사 등을 포함하여 전 세계적으로 위대한 지도자 3백 명을 분석해 보았습니다. 결과 그들 중 25%는 심각한 심리적 장애를 지니고 있었으며, 그들 중 50%는 유년 시절에 학대를 받았거나 빈곤한 가정에서 성장했던 것으로 나타났습니다. 바로 그 세계의 지도자들은 자신들에게 어떤 일이 생겼을 때 부정적인 반응보다 긍정적인 반응을 보였습니다.

닐 루덴스타인의 아버지는 교도소 경비원이었으며, 그의 어머니는 식당에서 파트 타임으로 일하는 종업원이었습니다. 닐 루덴스타인 박사, 그는 하버드 대학의 26대 총장입니다. 루덴스타인과 3백 명의 지도자들은 어떤 일을 시작하는데 있어 그 시작 지점이 중요한 것이 아니라, 마지막에 어디에 서 있느냐가 더 중요하다는 것을 일찍이 깨달은 사람들입니다. 당신이 어디서 시작하느냐는 어디서 끝나느냐 만큼 중요하지 않습니다.

우리 인생의 마지막 순간에 우리는 어디에 서 있고 싶습니까? 베드로는 비록 실패했지만 그는 인생의 마지막을 승리자로, 비전을 완성한 사람으로 우뚝 서 있습니다.

  새로운 한해가 시작되었습니다. 우리는 새로운 비전으로 부흥을 이루어야 합니다. 우리 자신과 가정, 그리고 우리 교회에 새로운 비전과 부흥을 기대해야 합니다. 항상 연약하고 실패를 경험했던 우리에게 비전을 가질 수 있는 근거가 있습니다. 그것은 디베랴 새벽 바다를 찾아와 베드로에게 다시 한 번 변함 없는 뜨거운 사랑을 확인시켜 주신 주님의 사랑입니다. 주님은 우리를 변함 없이 사랑하십니다. 변함 없는 주님의 사랑이 있기에 우리는 다시 새로운 비전을 가지고 일어설 수 있습니다.

  우리에게 비전과 사명을 주시고 부흥을 이루시는 분은 하나님이십니다. 그것은 우리를 사랑하시기 때문입니다. 이제 우리를 사랑하시고, 우리에게 비전을 회복시키시고, 그 비전과 부흥을 이루어 주시는 주님 앞에 엎드립시다. 엎드려 기도하고 주의 도우심으로 성령의 능력을 힘입고, 새로운 비전을 가지고 회복하며 완성시키는 부흥의 꿈을 이루어 가는 성도와 교회가 됩시다. 아멘.

기도를 가장 소중하게 여깁시다

시편 145:18-19

[¹⁸여호와께서는 자기에게 간구하는 모든 자 곧 진실하게 간구하는 모든 자에게 가까이 하시는도다 ¹⁹그는 자기를 경외하는 자들의 소원을 이루시며 또 그들의 부르짖음을 들으사 구원하시리로다]

새해를 맞아 여러분의 가정과 우리 교회와 우리나라, 그리고 아프리카에 있는 우리의 형제 교회에 하나님의 은혜와 축복이 풍성하기를 기원합니다. 특별히 올해에는 우리 모두가 하나님 앞에 기도하는 일을 가장 소중히 여기는 삶을 살아 많은 기도의 응답을 체험하는 한해가 되기를 기원합니다.

스티븐 코비 박사가 쓴 「성공하는 사람들의 7가지 습관」에는 성공한 사람들의 공통점을 소개하고 있습니다. "①주도적이 되어라. 수동적이 되지 말고 능동적으로 주도하라. ②끝을 생각하며 시작하라. ③소중한 것을 먼저 하라. ④상호의존의 패러다임을 가져라. 함께 승리하는 윈윈(win-win) 방법을 생각하라. ⑤먼저 자신이 이해하고 난 다음에 남에게 이해시켜라. ⑥시너지 효과를 내라. ⑦끊임없이 자신을 쇄신하라."

여기서 우리의 관심을 끄는 것은 세번째 '소중한 것을 먼저 하라' 입니다. 하나님의 백성인 우리에게 가장 소중한 것은 기도하는 일입니다. 올해에는 어디에서 무엇을 하든지, 무슨 일을 당하든지 먼저 기도를 소중히 여기는 삶을 살기를 기원합니다.

1. 기도하면 하나님께서 가까이 해 주십니다

오늘 본문의 성경은 말씀합니다.

> "여호와께서는 자기에게 간구하는 모든 자 곧 진실하게 간구하는 모든 자에게 가까이 하시는도다"(시 145:18)

하나님은 자기에게 간구하는 모든 자에게 가까이 하십니다. 하나님은 우리가 기도할 때 항상 가까이 계시어 우리의 기도를 들어주십니다. 사람은 멀리 떨어져 있으면 소리를 질러도 잘 들을 수 없습니다. 가까이 있어야 잘 들을 수 있습니다. 어린아이가 있는 부모들은 자녀와 늘 가까이에 있어야 자녀들이 부르는 소리를 들을 수 있습니다. 멀리 떨어져 있으면 잘 들을 수 없습니다. 하나님은 우리가 간구할 때마다 항상 가까이 계십니다. 이것은 우리의 모든 기도를 다 들으신다는 말씀입니다. "네 친구와 네 아비의 친구를 버리지 말며 네 환난 날에 형

제의 집에 들어가지 말지어다 가까운 이웃이 먼 형제보다 나으니라"(잠 27:10)

가까이 계시는 하나님은 우리의 기도를 들으시고 응답하십니다. 하나님이 우리 가까이에 계신다면 얼마나 좋겠습니까? 우리 주님이 가까이 계시면 걱정할 필요가 없습니다. 홍해 바다가 가로막히고 뒤에는 애굽 군대가 쳐들어와도 모세와 이스라엘은 걱정 근심을 할 필요가 없었습니다. 왜냐하면 하나님이 가까이 계셨기 때문입니다. 수많은 적군들이 에워싸도 두려움이 없습니다. 왜냐하면 하나님이 우리와 함께 하시기 때문입니다.

하나님은 우리가 기도할 때 가까이 계시어 우리의 모든 기도를 다 들어 주십니다. 아이들은 부모가 가까이 있으면 누가 와도 무서워하지 않습니다. 그러나 부모가 눈에서 멀어지면 불안과 두려움에 울어버립니다. 기도는 주님과 내가 대화하는 시간입니다. 가장 가까이에서 하나님이 우리와 함께 하는 시간입니다.

새해에는 하나님께서 늘 우리 가까이에 계시도록 기도로 하루를 시작합시다. 특별히 하루의 첫 시간을 기도로 시작합시다. 기도함으로 하나님과 가까이 합시다.

최근 베스트셀러 가운데 일본의 사이쇼 히로시가 지은「아침형 인간」이란 책이 있습니다. 그는 아침형 사람은 인생이 변화되고, 건강을 회복하고, 행복한 삶을 살게 되고, 결국 성공하게 된다고 주장합니다. 아침형 인간은 자연의 리듬이라고 주장합니다. 원래 인간은 저녁에는 자고 아침에 일찍 일어나는 것이 정상입니다. 요즘은 이것이 거꾸로 되는 바람에 건강이 파괴되고 범죄가 일어나고 사회가 타락하고 있습니다. 장수하는 사람들 중에는 야행성이 없고 대부분 아침형 인간입니다. 그리고 성공한 사람들은 모두가 다 아침에 깨어 있다고 주장합니다. 아침 시간은 낮의 3시간에 맞먹는 가치가 있으며, 아침 5시에 일어나면 4시간의 이익이 있다고 합니다. 또한 아침에 일어나면 세 가지를 얻을 수 있다고 합니다. 첫째는 건강해지고, 둘째는 부유해지고, 셋째는 현명해진다고 합니다.

이미 새벽을 깨워 기도하는 사람들에게는 아침형 인간은 새로운 것이 아닙니다. 어떤 사람들은 이런 말들을 합니다. "난 새벽 체질이 아닙니다. 야행성입니다. 새벽기도에 나오라는 말은 내게 순교하라는 말과 똑같습니다." 또 어떤 사람들은 이런 고정관념에 묶여 있습니다. "저는 새벽에 나오면 하루종일 정신을 못 차려 직장생활을 잘 할 수 없으므로 주의 영광을 가립니다. 잠을 푹 자고 직장에 가서 열심히 일하는 것이 주의 뜻입니다." 그래서 흔히 예수님의 말씀을 인용하여 말합니다. "마음은 원이로되 육신이 약하도다." 원래 육신이 약하지 않은 사람은 아무도 없습니다. 아침형 인간이 되는 해결 방법은 아주 간단합니다. 아침을 기도로 시작하는 것은 분명히 육신적으로나 영적으로 축복이요 유익이므로 믿고 무조건 시작하면 됩니다. 밤새워 근무하는 직종의 사람이 아니면 지금부터 시작하면 됩니다. 생활 리듬을 바꾸면 됩니다.
우리는 새벽을 깨워야 합니다. 그리고 기도하면 하나님은 나와 함께 하십니다. 새벽 첫 시간에 하나님 앞에 간구할 때 하나님은 우리와 가까이 하시고 우리의 기도를 들으십니다. 우리 모두 올 한해 동안 아침을 기도로 시작함으로 하나님께서 항상 가까이 하시는 축복된 삶을 누리시길 기원합니다.

2. 기도하면 소원을 이루어 주십니다

"저는 자기를 경외하는 자의 소원을 이루시며"(시 45:19)

우리 하나님은 기도하는 성도들을 가까이 하실 뿐만 아니라 하나님 앞에 나와 기도하며 주를 경외하는 자의 소원을 들어 주십니다. 우리가 하나님을 경외하며 간구할 때 우리의 소원을 들어 주십니다. 저는 올해에 우리 사랑하는 성도들이 하나님을 경외하고 간절히 기도할 때 여러분의 소원이 다 이루어지는 축복을 받으시기를 기원합니다.
저와 우리 가족에게 신앙이 좋은 친구가 있습니다. 지금 남부 아프리카 공화국 수도 프리토리아에 살고 있습니다. 이 부부는 제가 포첸스트룸 대학에 다닐 때 같은 학교의 학생이었습니다. 남자는 군 조종사이며 부인은 학생의 신분으로 교회를 섬기면서 말씀과 은혜를 사모하는 귀한 믿음의 사람들이었습니다. 남자의 아버지는 성서 공회에 근무하는 목사님이었습니다. 그들이 프리토리아에서 결혼식을 할 때에 우리 가족이 초청 받아 저희 부부가 특송을 한 아주 친근한 사이였습니다. 그런데 이 부부가 결혼을 한 지 여러 해가 지났지만 자녀가 없어 계속 기도를 했습니다. 그리고 우리가 귀국한 후에도 매년 선교지 방문 시 전화로 안부를 묻곤 했는데 그 때까지도 자녀가 없었습니다. 그 후 수 년 동안 소식이 단절되었습니다. 그래서 지난 8월에 제가 그곳에 갔을 때 신학교 학장이신 필립 버이스 박사에게 부탁하여 연락처를 알아내었습니다. 자동차로 50분이면 갈 수 있는 거리였습니다. 그 부부로부터 연락이 와서 너무 반가워 바로 전화를 했더니 남편이 받았습니다. 남편의 이름은 헤르하르트 하팅이고, 부인 이름은 리자입니다. 그 부부는 놀라운 소식을 전해 주었습니다. 첫 말이 하나님께서 그들의 가정에 아들을 주셨다는 것입니다. 너무 반가워 축하를 하고 다음 날 만나도록 약속을 했는데 제 아내의 말이 '혹시 입양을 한 것이 아닌가?' 했습니다. 그러나 제가 전화상으로 받은 느낌은 분명 그들이 낳은 아이였습니다. 왜냐하면 서양에는 자연스럽게 입양을 하기 때문에 입양을 했으면 말을 했을텐데 전혀 그런 말이 없었기 때문입니다. 다음 날 요하네스버그 한인교회의 정은일 목사님 내외와 함께 주소대로 찾아

갔습니다. 우리의 제일 관심사는 아이였습니다. 그런데 대문 밖으로 안고 나온 아이는 아버지의 복사판이었습니다. 반갑게 인사를 나누고 물어보니 13년 만에 하나님께서 기도의 응답으로 주셨다는 것입니다. 낙심하지 않고 하나님 앞에 소원을 아뢰었다고 했습니다. 그들은 결코 포기하지 않고 하나님이 응답하실 줄 믿고 계속 믿음으로 소원을 아뢴 결과라고 합니다. 남편은 군에서 나와 런던 뉴욕을 비행하는 조종사가 되었고, 아내는 아이를 키우면서 가정에서 주부들을 가르치는 요리강사가 되어 있었습니다. 13년 만에 소원을 들어 주신 하나님께 기뻐하며 감사했습니다.

하나님은 우리가 기도하면 응답해 주십니다. 우리의 소원을 하나님께 열심히 기도로 아룁시다.

우리 자신의 믿음이 더욱 더 성장하고 큰 은혜를 받는 한해가 되기를 소원하고 응답 받기를 바랍니다. 새해에는 더 큰 믿음의 성장이 있도록 기도합시다. 영적으로 더욱 더 성장하고 은혜가 충만하도록 기도합시다. 우리의 인격과 신앙과 섬김이 예수님을 닮아가도록 소원합시다. 우리의 몸이 건강하고 날마다 새 힘이 넘치도록 소원하고 아뢰어 응답 받읍시다. 우리의 자녀들이 믿음 안에서 지혜롭고 훌륭하게 자라도록 기도하여 응답 받는 한해가 되기를 바랍니다. 우리 가정에 하나님의 평강이 넘치고 은혜와 사랑이 충만한 화목한 가정이 되기를 소원하고 응답 받기를 바랍니다. 새해에는 우리 교회가 많은 영혼을 주님 앞으로 인도하여 비전 2200을 이루고, 부산을 성시화하고, 세계 복음화의 초석을 놓는 한해가 되기를 소원하고 응답 받기를 바랍니다.

새해에는 모든 교육기관과 부서들, 구역과 교구가 비전 2200을 이루어 가기를 소원하고 응답 받기를 기원합니다. 우리 교회의 지경이 넓어지고 교회가 확장되고 아름다운 성전을 건축하여 주께서 주신 사명을 이루어 갈 수 있기를 소원하고 응답 받기를 기원합니다. 우리나라가 정치, 경제, 사회, 모든 분야에서 안정과 질서를 이루어 세계 선교의 중심 국가가 될 수 있도록 소원하고 응답 받기를 바랍니다.

3. 하나님은 부르짖음을 들으시고 구원하십니다

"저희 부르짖음을 들으사 구원하시리로다"(시 145:19)

우리는 부르짖어야 합니다. 어려움이 있고 중요한 문제가 있을 때 부르짖어야 합니다. 우리는 소원을 가지고 부르짖어야 합니다. 소경 바디매오처럼 '주 예수여 나를 불쌍히 여기소서' 하며 부르짖어야 합니다. 올해는 하나님 앞에 부르짖고 응답 받는 역사를 많이 체험하시길 바랍니다.

영국의 유명한 설교자 스펄전 목사는 기도에 대하여 이런 말을 했습니다. "기도는 아래서 줄을 당겨 하늘 위에 있는 큰 종을 하나님의 귀밑에서 울리는 것과 같다." 어떤 사람들은 되는대로 힘들이지 않고 줄을 당기기 때문에 하늘의 종이 울리지 않고, 또 어떤 사람은 단 한번만 줄을 당겨 보고 맙니다. 그러나 응답을 받고야 마는 기도를 하는 사람은 그 줄을 단단히 잡고 전력을 다해 계속해서 당긴다고 했습니다.

우리는 기도할 때 낙망하지 말아야 합니다(눅 18:1). 신앙생활의 가장 큰 적은 바로 낙망입니다. 낙망은 '악에게 굴복하는 것'이라고 말씀합니다. 다윗은 왕으로 기름부음 받은 후에도 7년 동안 고난의 길을 걸었습니다. 사울의 칼과 창을 피해 이리저리 도망을 다녔습니다. 그러나 그는 낙망하지 않고 기도로 극복했습니다. '여호와여 나를 도와주소서'라고 부르짖었습니다. 하나님은 응답하시어 그를 구원하시고 이스라엘의 왕으로 삼으셨습니다.

의심치 말아야 합니다(눅 18:7). 의심은 모든 관계를 파괴합니다. 의심은 마귀가 사용하는 무기입니다. 마귀는 하나님과 인간의 관계를 의심하게 합니다. 의심은 무서운 병입니다. 성경은 맡기는 것이 믿음이라고 말씀합니다. "너의 행사를 여호와께 맡기라"(잠 16:3), "염려를 다 주께 맡겨 버리라"(벧전 5:7), "의심하는 자는 마치 바람에 밀려 요동하는 바다 물결 같으니"(약 1:6) 하나님께 맡기시기를 바랍니다.

포기하지 말아야 합니다(눅 18:7). 성경은 '저희에게 오래 참으시겠느냐' 고 말씀합니다. 이 말은 하나님은 반드시 이루신다는 말입니다. 기도하다가 뜻대로 이루어지지 않는다고 포기하면 안됩니다. 기도할 때 중요한 것은 인내입니다. 때와 기한은 하나님의 주권이기 때문입니다. 우리에게는 인내가 필요합니다. 포기하지 마십시오.

믿음으로 기도해야 합니다(눅 18:8). 불의한 재판관도 과부가 매일 찾아와서 소원을 아뢸 때 번거로워서 소원을 들어 주었는데, 하물며 하나님의 자녀들이 밤낮 부르짖으며 아버지께 기도하는 소원을 어찌 들어주시지 않겠습니까? 이것은 하나님은 우리의 부르짖음에 반드시 들어주신다는 약속입니다. 문제는 '인자가 올 때에 믿음을 보겠느냐'는 주님의 말씀처럼 하나님의 약속을 믿고 붙잡아야 됩니다. 기도는 하나님과의 영적 대화이므로 사단이 항상 방해를 합니다. 때로는 낙심하게 하고 의심하게 만들고, 우리를 절망에 빠뜨려서 믿음의 기도를 드리지 못하게 합니다. 마귀에게 속지 않기를 바랍니다.

모든 문제는 기도로 풀어나가야 합니다. 주님은 모든 문제를 기도로 풀어나가셨습니다. 우리는 무엇으로 문제를 해결합니까? 힘있는 사람은 힘으로, 돈 있는 사람은 돈으로, 권세 있는 사람은 권세로 풉니다. 교회 일을 할 때에도 교수님은 "연구합시다.", 사업하는 분들은 "융통성 있게 합시다."라 합니다. 사람들은 자기가 가지고 있는 틀 안에서 문제를 보고 해결하려 합니다. 그러나 우리는 먼저 기도로 시작해야 합니다.

현대 선교의 문을 연 윌리엄 캐리는 세계가 선교에 대해 아직 눈을 뜨지 않았을 때 자원하여 인도 선교사로 갔습니다. 42년 동안 활동하면서 수많은 고초와 어려움을 겪었습니다. 죽음의 위협도 받았습니다. 부인은 거의 정신병자가 될 정도로 많은 고통을 받았습니다. 재정난에 허덕이면서 곧 주저앉을 것 같은 일도 여러 번이었습니다. 그러나 그는 여러 사람들과 함께 숙원사업인 인도 45개 방언으로 말씀을 번역해 냈습니다. 뿐만 아니라 잠자던 세계의 수많은 젊은이들의 가슴을 선교사역의 불로 뜨겁게 한 사람입니다. 사역을 마무리할 즈음에 한 사람이 찾아가 "당신은 지치고 힘든 고난 가운데에서도 어떻게 이 일을 해낼 수 있었습니까?" 하고 질문했습니다. "저는 하나님의 뜻 그 이하도 이상도 없었습니다. 나는 내 삶 속에서 하나님의 뜻만 바라보았습니다. 나를 창조하신 하나님, 나를 이곳에 보내신 하나님의 뜻이 이루어지도록 내 육체와 환경이 주는 소리와 싸워 이기고, 하나님의 뜻이 이루어질 수 있도록 하나님의 뜻만 바라보았습니다." 순간마다 삶 속에서 육체가 주는 소리를 끊어버리고 그 음성 앞에 순종한 윌리엄 캐리는 고난과 고초가 많은 생애였지만 마침내 하나님의 무대에 아름다운 사람으로 우뚝 설 수 있었습니다. 윌리엄 캐리에게는 몸이 약한 누나가 있었습니다. 누나는 인도를 떠날 때 이렇게 말했습니다. "윌리엄, 나는 네게 아무것도 해줄 수가 없구나! 나는 병상에 누워 있을 수밖에 없는 나약한 몸이라 해줄 수 있는 것이라곤 기도밖에 없구나!' 윌리엄 캐리의 위대한 사역의 배후에 있는 '기도밖에 할 수 없는 한 여인, 기도 외에는 아무 것도 할 수 없는 이 여인, 기도 외에는 자기의 존재를 발견할 수 없는 여인'이 있었습니다. 누나의 기도 속에는 윌리엄 캐리로 하여금 사역을 이루게 하는 놀라운 능력이 있었습니다. 윌리엄 캐리의 누나는 자신의 존재 이유를 몰랐습니다. 그러나 하나님의 뜻 앞에서 자신이 왜 나약한 모습으로 일평생 누워지내야 하는지를 알았습니다.

우리는 모든 일을 기도로 시작해야 합니다. 올해는 기도를 가장 소중하게 여기는 여러분이 되시기를 바랍니다. 하나님은 반드시 간구하는 자에게 가까이 하십니다. 우리는 아침을 깨워 기도로 시작해야 합니다. 기도하여 소원을 이루는 한해가 되어야 합니다. 모든 일에 기도로 부르짖어 하나님의 응답을 받아야 합니다. 주님은 말씀하십니다. "네 입을 넓게 열라 내가 채우리라"(시 81:10) 아멘.

세월을 아끼는 지혜

■
초판 1쇄 인쇄 / 2005년 12월 15일
초판 1쇄 발행 / 2005년 12월 20일

■
지은이 / 배 굉 호
펴낸이 / 김 수 관
펴낸곳 / 도서출판 영문
122-070 서울시 은평구 역촌동 10-82
☎ (02) 357-8585
FAX • (02) 382-4411
E-mail • kskym49@yahoo.co.kr

■
출판등록번호 / 제 03-01016호
출판등록일 / 1997. 7. 24

파본은 교환해 드립니다.
본 출판물은 저작권법으로 보호 받는
저작물이므로 출판사나 저자의 허락없이
무단 전재나 무단 복제를 할 수 없습니다.

정가 8,000원
ISBN 89-8487-189-3 03230
Printed in Korea